Insolvenz-recht

9., aktualisierte Auflage
Stand: 15. 1. 2015

von
RA Univ.-Doz. Dr. Herbert Fink

LexisNexis® Österreich vereint das Erbe der österreichischen Traditionsverlage Orac und ARD mit der internationalen Technologiekompetenz eines der weltweit größten Medienkonzerne, Reed Elsevier. Als führender juristischer Fachverlag deckt LexisNexis® mit einer vielfältigen Produktpalette die Bedürfnisse der Rechts-, Steuer- und Wirtschaftspraxis ebenso ab wie die der Lehre.

Bücher, Zeitschriften, Loseblattwerke, Skripten, die Kodex-Gesetzestexte und die Datenbank LexisNexis® *Online* garantieren nicht nur die rasche Information über neueste Rechtsentwicklungen, sondern eröffnen den Kunden auch die Möglichkeit der eingehenden Vertiefung in ein gewünschtes Rechtsgebiet. Nähere Informationen unter www.lexisnexis.at

Bibliografische Information der Deutschen Bibliothek

Die Deutsche Bibliothek verzeichnet diese Publikation in der Deutschen Nationalbibliografie; detaillierte bibliografische Daten sind im Internet über http://dnb.ddb.de abrufbar.

ISBN 978-3-7007-6093-1

LexisNexis Verlag ARD Orac GmbH & Co KG, Wien
http://www.lexisnexis.at
Wien 2015
Best.-Nr. 84.073.009

Foto Fink: Foto MURAUER, 6020 Innsbruck, Innrain 10

Druckerei: Prime Rate GmbH, Budapest

Inhaltsverzeichnis

Abkürzungsverzeichnis

Abs	Absatz
AMFG	Arbeitsmarktförderungsgesetz
AnfO	Anfechtungsordnung
AO	Ausgleichsordnung (nicht mehr in Geltung)
APSG	Arbeitsplatzsicherungsgesetz
ArbVG	Arbeitsverfassungsgesetz
Art(t)	Artikel
ASGG	Arbeits- und Sozialgerichtsgesetz
ASVG	Allgemeines Sozialversicherungsgesetz
AVZ	Anmeldungsverzeichnis
BAO	Bundesabgabenordnung
BG	Bezirksgericht
BGBl	Bundesgesetzblatt
BMJ	Bundesminister für Justiz
BUAG	Bauarbeiter-Urlaubs- und Abfertigungsgesetz
BWG	Bankwesengesetz
EGJN	Einführungsgesetz zur Jurisdiktionsnorm
EGZPO	Einführungsgesetz zur Zivilprozessordnung
EKEG	Eigenkapitalersatz-Gesetz
EO	Exekutionsordnung
EuInsVO	Verordnung des Rates über Insolvenzverfahren
ExMinV	Existenzminimum-Verordnung
FBG	Firmenbuchgesetz
gem	gemäß
GenIG	Genossenschaftsinsolvenzgesetz
GewO	Gewerbeordnung
GGG	Gerichtsgebührengesetz
GIRÄG	Gesellschafts- und Insolvenzrechtsänderungsgesetz 2003
GmbH	Gesellschaft mit beschränkter Haftung
GOG	Gerichtsorganisationsgesetz
HG	Handelsgericht
hM	herrschende Meinung
hRsp	herrschende Rechtsprechung
idF	in der Fassung
idR	in der Regel
IEG	Insolvenzrechtseinführungsgesetz
IESG	Insolvenz-Entgeltsicherungsgesetz
IIRG	Bundesgesetz über das Internationale Insolvenzrecht
insb	insbesondere
InsNov	Insolvenzrechts-Novelle (2002)
IO	Insolvenzordnung
IRÄ-BG	Insolvenzrechtsänderungs-Begleitgesetz (2010)
IRÄG 2010	Insolvenzrechts-Änderungsgesetz 2010
iVm	in Verbindung mit
JBl	Juristische Blätter
JN	Jurisdiktionsnorm

KG	Kommanditgesellschaft
KO	Konkursordnung (alt)
KSchG	Konsumentenschutzgesetz
KSV	Kreditschutzverband von 1870
LG	Landesgericht
LGZ	Landesgericht für Zivilrechtssachen
lit	litera
maW	mit anderen Worten
mE	meines Erachtens
MRG	Mietrechtsgesetz
OG	Offene Gesellschaft
OGH	Oberster Gerichtshof
RGBl	Reichsgesetzblatt
RPflG	Rechtspflegergesetz
Rsp	Rechtsprechung
StGB	Strafgesetzbuch
SZ	Entscheidungen des österr Obersten Gerichtshofes in Zivilsachen
UGB	Unternehmensgesetzbuch
URG	Unternehmensreorganisationsgesetz
VAG	Versicherungsaufsichtsgesetz
WAG 2007	Wertpapieraufsichtsgesetz 2007
ZIK	Zeitschrift für Insolvenzrecht und Kreditschutz
ZPO	Zivilprozessordnung

Erster Teil
Grundlagen

A. Quellen des Insolvenzrechts

I. Wichtigste Gesetze

Zentrale Rechtsquelle des Insolvenzrechts ist die **Insolvenzordnung** (= frühere KO mit umfangreichen Änderungen), ergänzt durch einige Rechtsnormen im Insolvenzrechtseinführungsgesetz (IEG). Das internationale Insolvenzrecht ist in der **EU-Insolvenzverordnung** (EuInsVO) sowie subsidiär (soweit Völkerrecht oder Rechtsakten der Europäischen Gemeinschaften Abweichendes anordnen) im Siebenten Teil der IO geregelt.

Spezielle insolvenzrechtliche Bestimmungen gelten für **Banken** (§§ 81 ff BWG), **Versicherungen** (§§ 88 ff VAG), **Wertpapierfirmen** und **Wertpapierdienstleistungs-Unternehmen** (§§ 79 ff WAG 2007) sowie für **Genossenschaften** (GenIG). Dem Schutz der Arbeitnehmeransprüche in der Insolvenz des Arbeitgebers dient das **Insolvenz-Entgeltsicherungsgesetz** (IESG). Das **Unternehmensreorganisationsgesetz** (URG) bezweckt die Insolvenzprophylaxe und steht damit in engem Zusammenhang zum Insolvenzrecht; es hat freilich in der Praxis nur sehr geringe Bedeutung.

Praktisch bedeutsam ist hingegen das **Eigenkapitalersatz-Gesetz** (EKEG). Dieses regelt die Behandlung von **Krediten**, die ein Gesellschafter der Gesellschaft **in der Krise** gewährt hat.

II. Schrifttum

Die nachstehenden Literaturhinweise bieten eine Auswahl des aktuellen Schrifttums zum Insolvenzrecht ohne Anspruch auf Vollständigkeit (weitere Hinweise siehe etwa in *Mohr*, Insolvenzordnung[11] XXV ff).

1. Lehrbücher

Buchegger, Insolvenzrecht[2] (2013)

Dellinger/Oberhammer/Koller, Insolvenzrecht – Eine Einführung[3] (2014)

Gurmann, Grundzüge des Gesellschafts- und Insolvenzrechts (2014)

Roth, Exekutions- und Insolvenzrecht[9] (2012)

2. Kommentare

Bartsch/Pollak/Buchegger, Österreichisches Insolvenzrecht – Kommentar (erscheint in Teilbänden)

Feil, Insolvenzordnung[8] (2014)

Konecny (Hrsg), Kommentar zu den Insolvenzgesetzen (1. bis 52. Teillieferung)

Mohr, Insolvenzordnung[11] (2012)

3. Handbücher und Sammelwerke

Feuchtinger/Lesigang, Praxisleitfaden Insolvenzrecht[4] (2015)

Konecny (Hrsg), IRÄG 2010 – Insolvenzrechtsänderungsgesetz 2010 (2010)

4. Zur Verbraucherinsolvenz

Deixler-Hübner, Privatkonkurs[2] (1996)

Kodek, Handbuch Privatkonkurs (2002)

Mohr, Privatkonkurs[2] (2007)

Schneider, Privatinsolvenz[2] (2014)

> **Hinweis:** Da zahlreiche Bestimmungen der **früheren KO** unverändert in die IO übernommen wurden, kann insoweit auch das Schrifttum zum „alten" Recht weiterhin zu Rate gezogen werden. Erleichtert

wird dies dadurch, dass die IO die Paragrafen-Nummerierung der KO mit wenigen Ausnahmen beibehalten hat.

B. Begriff und Aufgaben des Insolvenzrechts

I. Gleichmäßige Befriedigung der Gläubiger

Im Normalfall erfüllen Schuldner ihre gesetzlichen oder vertraglichen Verpflichtungen freiwillig. Tun sie das nicht, kann der betroffene Gläubiger seine Forderung im jeweils vorgesehenen **Erkenntnisverfahren** (Zivilprozess, Außerstreitverfahren etc) geltend machen und nach Vorliegen eines Exekutionstitels notfalls mit Hilfe staatlicher Zwangsgewalt durchsetzen (**Exekutionsverfahren**). Solange über das Vermögen des Schuldners kein Insolvenzverfahren behängt, handelt somit jeder Gläubiger grundsätzlich für sich selbst. Zwischen mehreren betreibenden Gläubigern entscheidet das Zuvorkommen (**Prioritätsprinzip**; *prior tempore, potior iure*).

Dieses Modell ist nicht mehr sachgerecht, wenn die **gänzliche Befriedigung aller Gläubiger** wegen der schlechten wirtschaftlichen Lage des Schuldners nicht mehr möglich ist. Dann bewirkt jede (freiwillige oder erzwungene) Zahlung an einzelne Gläubiger, sofern sie aus Mitteln des Schuldners stammt, eine Benachteiligung der anderen. In dieser Lage soll nach der Intention des Gesetzgebers das Insolvenzrecht auf den Plan treten: Dieses verdrängt die für den „Normalfall" vorgesehene Einzelrechtsverfolgung und setzt an deren Stelle ein System **kollektiver Rechtsverfolgung** unter gerichtlicher Aufsicht, das (ua) auf die **gleichmäßige Befriedigung** der (unbesicherten) Gläubiger abzielt.

II. Sanierungszweck

Die (gleichmäßige) **Befriedigung der Gläubiger** ist nur ein – wenn auch bedeutsamer – Zweck des Insolvenzrechts. Ein weiteres, in der jüngeren Rechtsentwicklung zunehmend in den Vordergrund getretenes Verfahrensziel ist die **Sanierung des schuldnerischen Unternehmens**. Vorläufiger Schlusspunkt dieser Entwicklung ist das IRÄG 2010, das die **Fortführung und Sanierung des Unternehmens in der Insolvenz** durch zahlreiche neue Regelungen erleichtern soll. Weitere Reformen sind geplant.

Auch dem Problem der **Verbraucherverschuldung** wird (zum Teil) mit Mitteln des Insolvenzrechts begegnet: Hierzu stellt die IO besondere Sanierungsinstrumente für zahlungsunfähige **natürliche Personen** bereit. Die entsprechenden Spezialnormen (§§ 181 ff IO) gelten zum Teil nur für **Konsumenten** (sog „Privatkonkurs"), zum Teil aber auch für **Einzelunternehmer**. Zu den Einzelheiten siehe S 84 ff.

III. Insolvenzprophylaxe

In einer **freien Wirtschaftsordnung** lässt sich das Auftreten von Insolvenzen naturgemäß nicht gänzlich vermeiden. Aufgabe des Insolvenzrechts ist zum einen, dafür Sorge zu tragen, dass im Fall der Zahlungsunfähigkeit (Überschuldung) **rechtzeitig ein Insolvenzverfahren beantragt** und eröffnet wird, zum anderen die sachgerechte Abwicklung der eröffneten Verfahren. In der Praxis werden Insolvenzverfahren häufig erst beantragt, wenn es für eine Sanierung des Unternehmens bereits zu spät ist. Damit sinkt regelmäßig auch die erzielbare Quote für die Insolvenzgläubiger.

Am besten ist es natürlich, wenn der Eintritt der Insolvenz durch **vorbeugende Maßnahmen** überhaupt verhindert werden kann. Dieses Anliegen verfolgt ua auch das URG. Dieses Gesetz eröffnet dem Rechtsträger eines wirtschaftlich angeschlagenen Unternehmens die Möglichkeit, unter bestimmten Voraussetzungen bereits **vor Eintritt der Zahlungsunfähigkeit oder Überschuldung** ein **Reorganisationsverfahren** zu beantragen. In der Praxis spielt dieses Instrument freilich nur eine bescheidene Rolle. Zu den Einzelheiten siehe S 97 ff.

C. Das einheitliche Insolvenzverfahren

I. Frühere Rechtslage: Dualismus zweier Insolvenzverfahren

Bis zum Inkrafttreten des IRÄG 2010 gab es in Österreich zwei Insolvenzverfahren: das **Konkurs-** und das **Ausgleichsverfahren**. Diese Zweigleisigkeit war primär historisch bedingt.

a) Das wesentlich ältere, in der früheren KO geregelte **Konkursverfahren** zielte ursprünglich auf die **Liquidierung** des insolventen Unternehmens ab, was jedoch häufig mit einer Wertvernichtung großen Ausmaßes einherging.

b) Das **Ausgleichsverfahren nach der AO** bezweckte die **Sanierung des Schuldners**. Wichtigstes Mittel zur Erreichung dieses Ziels war der von der (qualifizierten) Gläubigermehrheit gewährte teilweise **Forderungserlass** (idR verbunden mit einer Stundung). Daneben enthielt die AO zahlreiche Schutzbestimmungen, die im Lauf der Jahre erweitert wurden (zB: Exekutionssperre; spezieller Räumungsaufschub für gemietete Geschäftsräume; Möglichkeit des Schuldners, vorzeitig aus Bestand- und Arbeitsverträgen auszusteigen; Schutz bestehender Vertragsverhältnisse ua). Damit sollte der Ausgleichsschuldner für einen begrenzten Zeitraum „abgeschirmt" und die Fortführung seines Unternehmens erleichtert werden. Die Dispositionsbefugnis des Schuldners wurde im Ausgleich weniger stark beschnitten als im Konkurs.

> Einige dieser alten Regelungen wurden – mit modifiziertem Inhalt – in die **Insolvenzordnung** übernommen (insb die **Sanierung mit Eigenverwaltung** trägt zahlreiche Züge des alten Ausgleichsverfahrens).

Die **zu hohe gesetzliche Mindestquote (40 Prozent)** sowie weitere strukturelle Mängel hatten jedoch zur Folge, dass die **Zahl der eröffneten Ausgleichsverfahren** seit Jahrzehnten stark rückläufig war. Dies führte dazu, dass die traditionell dem Ausgleichsverfahren zugewiesenen Aufgaben zunehmend von der **Konkursordnung** übernommen wurden. Auch sie bot dem Schuldner **Möglichkeiten zur Sanierung**, insb durch Abschluss eines **Zwangsausgleichs**, bei natürlichen Personen seit der KO-Nov 1993 auch durch Abschluss eines **Zahlungsplans** oder Durchführung eines **Abschöpfungsverfahrens** mit Restschuldbefreiung.

Die IO hat diese Instrumente beibehalten. Der **frühere Zwangsausgleich** wurde leicht modifiziert und heißt jetzt **Sanierungsplan**.

II. IRÄG 2010: Einheitliches Insolvenzverfahren

Das IRÄG 2010 hat die alte **Zweigleisigkeit beseitigt**. An die Stelle des Konkurs- und Ausgleichsverfahrens trat das **Insolvenzverfahren nach der IO** als **einheitliches Verfahren**. Die Ausgleichsordnung wurde zur Gänze außer Kraft gesetzt.

Das im Jahr 2010 geschaffene **Einheitsverfahren** wird – je nach Ausgestaltung der Eingangsphase – als **Sanierungsverfahren** oder als **Konkursverfahren** bezeichnet.

a) Das **Sanierungsverfahren** setzt voraus, dass der **Schuldner** den **Antrag auf Insolvenzeröffnung** stellt und bereits vor Eröffnung des Verfahrens einen **zulässigen Sanierungsplan** vorlegt. Natürliche Personen, die kein Unternehmen betreiben, sind vom **Sanierungsverfahren** ausgeschlossen. Zwar können auch sie (alternativ zum Zahlungsplan) einen Sanierungsplan vorlegen; das Insolvenzverfahren wird jedoch in solchen Fällen nicht als Sanierungs-, sondern als **Schuldenregulierungsverfahren** bezeichnet. Dabei handelt es sich um eine Sonderform des Konkursverfahrens.

Das **Sanierungsverfahren** kann mit oder ohne **Eigenverwaltung** stattfinden. Im Fall der **Eigenverwaltung** bleibt der Schuldner grundsätzlich über die Insolvenzmasse dispositionsbefugt, steht jedoch unter der **Aufsicht eines Sanierungsverwalters**. Voraussetzung ist, dass der Schuldner bereits mit dem Eröffnungsantrag **qualifizierte Unterlagen** vorlegt und überdies einen **Sanierungsplan mit einer Mindestquote von 30 Prozent** anbietet. Das Sanierungsverfahren mit Eigenverwaltung setzt eine gründliche **Vorbereitung des Verfahrens** durch den Schuldner voraus.

b) Wenn das Insolvenzverfahren **nicht als Sanierungsverfahren** eröffnet wird, ist es als **Konkursverfahren** zu bezeichnen. Der Insolvenzverwalter heißt hier – wie auch im Sanierungsverfahren ohne Eigenverwaltung – **Masseverwalter**.

Ungeachtet der **unterschiedlichen Bezeichnungen** ist festzuhalten, dass die Sanierungs- und die Konkursverfahren lediglich **Ausgestaltungen des einheitlichen Insolvenzverfahrens** darstellen. Dies zeigt sich insb bei **Scheitern eines** (bei Verfahrenseröffnung bereits vorliegenden) **Sanierungsplans**: In einem solchen Fall wird das Sanierungsverfahren als **Konkursverfahren** (dh mit geänderter Bezeichnung) fortgesetzt.

Der **einheitliche Verfahrensrahmen** ermöglicht die Verwirklichung gänzlich unterschiedlicher Ziele innerhalb ein und desselben Verfahrens, ohne dass es (wie früher nach dem Scheitern eines Ausgleichsverfahrens) komplizierter Überleitungen bedarf. Auch die **Rechtswirkungen der Verfahrenseröffnung** sind – von wenigen Ausnahmen abgesehen – in allen Spielarten des Insolvenzverfahrens (Konkursverfahren, Sanierungsverfahren mit und ohne Eigenverwaltung) gleich. Gewöhnungsbedürftig bleibt die durch das IRÄG 2010 geschaffene Begriffsvielfalt, die in nicht fachkundigen Verkehrskreisen noch immer für Verwirrung sorgt.

D. Weitere Eckpunkte der Insolvenzrechts-Reform 2010

Neben der Schaffung eines einheitlichen Insolvenzverfahrens sind als **weitere Schwerpunkte** der Insolvenzrechts-Reform 2010 hervorzuheben:

- insolvenzrechtliche Beschränkungen bei der **Auflösung von Vertragsverhältnissen** (§§ 25a, 25b IO);
- unter bestimmten Voraussetzungen **Aufschiebung** der **exekutiven Räumung des Geschäftslokals**, in dem das Unternehmen des Schuldners betrieben wird (§ 12c IO);
- Verlängerung der sog „**Zwangsstundung**" der Aus- und Absonderungsrechte (§ 11 Abs 2 IO) auf sechs Monate;
- Erlöschen der **Zwangsverwaltung** infolge der Insolvenzeröffnung (§ 12d IO);
- **Modifizierung des Anfechtungsrechts** im Zusammenhang mit der **Anfechtung mittelbar nachteiliger Rechtsgeschäfte** (§ 31 Abs 1 IO);
- im **Sanierungsverfahren mit Eigenverwaltung** ist die Geltendmachung von Anfechtungsansprüchen dem **Sanierungsverwalter** vorbehalten;
- **Anfechtungsansprüche** können auch **nach Bestätigung eines Sanierungsplans** geltend gemacht werden, und zwar durch den dafür bestellten **Treuhänder** (§ 157i IO);
- Beschränkungen für **Absonderungsgläubiger** in Bezug auf die nach der Insolvenzeröffnung auflaufenden **Zinsen** (§ 48 Abs 1, § 132 Abs 6 IO);
- punktuelle Änderungen der Regelung des **Sanierungsplans** (im Vergleich zum früheren Zwangsausgleich), insb Lockerung der **Mehrheitserfordernisse**. Letzteres hat auch Auswirkungen auf den Zahlungsplan.

Zweiter Teil
Das Insolvenzverfahren nach der Insolvenzordnung

A. Begriff und Prinzipien des Insolvenzrechts

Ausgangspunkt jedes Insolvenzverfahrens ist die **materielle Insolvenz** des Schuldners. In dieser Situation sollen die Gläubiger – wenn sie schon nicht mehr voll auf ihre Rechnung kommen – zumindest gleichmäßig befriedigt werden. Sie bilden ab dem Eintritt der **Zahlungsunfähigkeit** (bzw in bestimmten Fällen bereits ab Eintritt der **Überschuldung**) eine Art von „Verlustgemeinschaft". Kommt es zur Eröffnung des Insolvenzverfahrens, werden die Gläubiger aus dem gesamten der Exekution unterworfenen Vermögen **gleichmäßig befriedigt** (sofern nicht ein Sanierungsplan zustande kommt und die Verwertung des Vermögens unterbleibt).

Die gleichmäßige (und bestmögliche) Befriedigung der Insolvenzgläubiger ist freilich nicht der einzige Verfahrenszweck. Daneben steht gleichwertig der im modernen Insolvenzrecht stark ausgeprägte **Sanierungsgedanke**.

> **Beispiele:** Bereits mit Stellung des Eröffnungsantrags, aber auch nach Eröffnung des Insolvenzverfahrens kann der Schuldner (natürliche oder juristische Person) die Annahme eines Sanierungsplans beantragen. Natürlichen Personen steht alternativ dazu auch ein Zahlungsplan bzw bei dessen Scheitern das Abschöpfungsverfahren offen.

Das **IRÄG 2010** hat diese Tendenz verstärkt. Viele der neuen Bestimmungen sollen die **Sanierung des Schuldners** (bzw seines Unternehmens) fördern und die **Fortführung des Unternehmens** erleichtern.

Das österr Insolvenzrecht ist von folgenden **Prinzipien** beherrscht:

I. Paritätsgrundsatz

Im Stadium der Insolvenz soll kein Gläubiger aus einem (häufig zufälligen) Betreibungsvorsprung Vorteile ziehen. Die Insolvenzgläubiger werden in einem kollektiv ausgestalteten Verfahren zusammengefasst und erlangen – soweit sie nicht besichert sind – **gleichmäßige** (quotenmäßige) **Befriedigung** aus der Insolvenzmasse. Das Insolvenzverfahren (in allen seinen Ausprägungen) ist vom **Grundsatz der Gläubigergleichbehandlung** beherrscht. Mannigfaltige Verbote und Sankionen sollen verhindern, dass einzelne Gläubiger in den Genuss einer **Sonderbegünstigung** kommen.

> **Beispiele:** Wenn ein Sanierungs- oder Zahlungsplan durch eine verbotene Begünstigung eines Insolvenzgläubigers zustande gebracht wird, ist ihm die gerichtliche Bestätigung zu versagen (§ 153 Z 3, § 195 Z 3 IO). Vereinbarungen über Sonderbegünstigungen sind ungültig, begünstigende Leistungen können zurückgefordert werden (§ 150a IO). Siehe weiters § 161 IO.

Das Gebot der **Gleichbehandlung** erfasst grundsätzlich alle **unbesicherten Gläubiger** (Insolvenzgläubiger). Die vormals unterschiedlichen **Klassen von Insolvenzforderungen** wurden bereits durch das IRÄG 1982 beseitigt (sog „klassenlose Insolvenz"). Vollständig verwirklicht ist dieses Prinzip freilich nicht: Schlechter gestellt sind insb Ansprüche aus **Eigenkapital ersetzenden Leistungen**; sie sind gegenüber sonstigen Insolvenzforderungen **nachrangig** (siehe § 57a IO). Näheres zum **Eigenkapitalersatz** siehe S 40, 49.

Sicherungsrechte: Gläubiger, die bereits vor Eröffnung des Insolvenzverfahrens **Sicherheiten** (zB Pfandrechte) für ihre Forderungen erlangt haben, sind, soweit ihre Ansprüche im Wert dieser Sicherheiten Deckung finden, auch im Insolvenzverfahren bevorrechtet. Solche **Sicherungsrechte** haben – abgesehen von spezifischen Ausnahmen (siehe S 41 ff) – auch nach der Insolvenzeröffnung Bestand.

Masseforderungen: Privilegiert sind weiters Ansprüche Dritter, die (idR) erst **nach Eröffnung des Insolvenzverfahrens begründet** werden (sog Masseforderungen); sie sind **zur Gänze** aus der Insolvenzmasse zu erfüllen. Die Massegläubiger werden wegen der unterschiedlichen Interessenlage nicht in die Risikogemeinschaft der Insolvenzgläubiger einbezogen. Zur Masseinsuffizienz S 46 f.

II. Universalitätsprinzip

Im Gegensatz zum **Exekutionsverfahren**, das vom Grundsatz der Spezialität geprägt ist, erfasst das **Insolvenzverfahren** grundsätzlich das **gesamte Vermögen** des Schuldners („Generalexekution"). Eine Durchbrechung findet dieses Prinzip lediglich insoweit, als bestimmte Vermögensstücke **insolvenzfrei** sind (so idR das nicht exekutionsunterworfene Vermögen) oder nachträglich aus der Insolvenzmasse ausgeschieden werden können.

Territorial bedingte Beschränkungen der Insolvenzwirkungen können bei **Verfahren mit „Auslandsberührung"** auftreten. Die EuInsVO und das IIRG haben das **Universalitätsprinzip** stark aufgewertet (vgl S 93 ff).

III. Sperre der individuellen Rechtsverfolgung

Während des Insolvenzverfahrens wird den einzelnen Insolvenzgläubigern der **individuelle Zugriff** auf die Insolvenzmasse **verwehrt**. Die IO errichtet eine **Prozess- und Exekutionssperre**. An die Stelle der Einzelrechtsverfolgung tritt die Möglichkeit der **Teilnahme am Insolvenzverfahren** (Anmeldung der Forderung; Stimmrecht bei Abstimmungen, Teilnahme an Verteilungen).

IV. Teilnahmeanspruch ohne Exekutionstitel

Im Gegensatz zum **Exekutionsverfahren**, dessen Einleitung voraussetzt, dass der betreibende Gläubiger über einen **Exekutionstitel** (§ 1 EO) verfügt, ist ein solcher für die **Teilnahme am Insolvenzverfahren** entbehrlich. Weder das Recht der Gläubiger, einen **Antrag auf Insolvenzeröffnung** zu stellen, noch die sonstigen **Teilnahmerechte** im Insolvenzverfahren knüpfen an das Vorliegen eines Exekutionstitels an. Die IO stellt vielmehr einen eigenen Mechanismus zur **Feststellung der angemeldeten Forderungen** bereit, welcher den Gläubigern idR auf einfache und billige Weise einen **Exekutionstitel** (§ 61 IO, § 1 Z 7 EO) verschafft.

B. Insolvenzfähigkeit

Im Gegensatz zu zahlreichen romanischen Rechtsordnungen ist das österreichische Insolvenzrecht nicht auf Unternehmer beschränkt. Die Insolvenzfähigkeit ist vielmehr als **Teil der privatrechtlichen Rechtsfähigkeit** definiert: Wer **Träger von Rechten und Pflichten** sein kann, ist auch insolvenzfähig. Auf die **Geschäftsfähigkeit** kommt es dagegen nicht an. Daher kann jede **natürliche Person** (auch ein Kind) Insolvenzschuldnerin sein, ebenso auch **juristische Personen** (des privaten oder öffentlichen Rechts) und Verlassenschaften.

Insolvenzfähig sind weiters die **eingetragenen Personengesellschaften** nach dem UGB (OG, KG), nicht jedoch die **stille Gesellschaft** und die **Gesellschaft bürgerlichen Rechts**; zu Letzterer vgl § 1175 Abs 2 ABGB nF.

Nach der **Auflösung** einer juristischen Person oder eingetragenen Personengesellschaft ist die Eröffnung eines Insolvenzverfahrens noch so lange zulässig, als **das Vermögen nicht verteilt** ist (§ 68 IO). Dies erklärt sich aus dem Umstand, dass juristische Personen (und eingetragene Personengesellschaften) auch nach ihrer Auflösung noch so lange rechtsfähig bleiben, als sie über Vermögen verfügen (man unterscheidet daher zwischen **Auflösung** und **Vollbeendigung**; erst Letztere führt zum Verlust der Rechts- und damit der Insolvenzfähigkeit). Die **Löschung** einer Gesellschaft im Firmenbuch lässt ihre Rechtsfähigkeit unberührt, solange sie noch verwertbares Vermögen hat.

Über das Vermögen von **Kreditinstituten, Wertpapierfirmen, Wertpapierdienstleistungs-Unternehmen** und **Versicherungsunternehmen** kann zwar ein **Konkursverfahren**, nicht aber ein Sanierungsverfahren eröffnet werden; auch einen **Sanierungsplan** können diese Schuldner **nicht** beantragen (§ 82 Abs 1 BWG; § 80 WAG 2007; § 95 Abs 1 und 2 VAG).

C. Besondere Verfahrensvorschriften im Insolvenzverfahren

I. Subsidiäre Anwendung der Prozessgesetze

Soweit die IO nichts anderes anordnet, sind auf das Verfahren die JN, die ZPO sowie die EGJN und EGZPO sinngemäß anzuwenden (§ 252 IO). **Nicht anwendbar** sind gem § 254 Abs 1 IO die Bestimmungen:

a) über die **Prozesskosten** (daher wird im Insolvenzverfahren, auch für sog Zwischenstreitigkeiten, **kein Kostenersatz** zugesprochen);

b) über das Erfordernis einer **Sicherheitsleistung**;

c) über das **Ruhen des Verfahrens**;

d) über die **Hemmung von Fristen** und die **Erstreckung von Tagsatzungen** nach § 222 ZPO;

e) über die **Direktzustellung zwischen Rechtsanwälten** (§ 112 ZPO) bei Forderungsanmeldungen und Anträgen auf Abschluss eines Sanierungsplans sowie

f) über die **Vertretung durch Rechtsanwälte**, soweit § 253 Abs 3 Satz 4 IO nichts anderes bestimmt (daher keine Anwaltspflicht im Insolvenzverfahren).

Ein **Parteiantrag auf Normenkontrolle** beim VfGH ist im Insolvenzverfahren nicht zulässig (§ 57a Abs 1 Z 8, § 62a Abs 1 Z 8 VfGG). Demgemäß ist auch die Umsetzungsnorm des § 528b ZPO im Insolvenzverfahren nicht anwendbar. Die Verfassungskonformität dieser Ausnahme ist fraglich.

II. Spezielle Verfahrensbestimmungen

Für das **Insolvenzverfahren** gelten – neben den in Pkt I erwähnten Abweichungen von der ZPO – insb folgende weitere Verfahrensbesonderheiten:

1. Es gibt **keine Vereinbarungen über die Zuständigkeit** (§ 253 Abs 2 IO).

2. In erster Instanz besteht durchgehend **Einzelgerichtsbarkeit** (§ 253 Abs 1 IO).

3. Bevorrechtete **Gläubigerschutzverbände** (KSV 1870, AKV, ISA, Creditreform), Bevollmächtigte der gesetzlichen Interessenvertretungen und bestimmter Berufsvereinigungen haben im Insolvenzverfahren spezielle **Vertretungsbefugnisse** (§ 253 Abs 3 und 4 IO), ebenso die anerkannten **Schuldenberatungsstellen** im Schuldenregulierungsverfahren (§ 192 IO). **Rekurse** müssen in solchen Fällen **von einem Rechtsanwalt unterfertigt** sein (abgesehen davon besteht im Insolvenzverfahren **keine Anwaltspflicht**: § 254 Abs 1 Z 6 IO).

4. Anträge können durch **Schriftsatz** oder **mündlich zu Protokoll** eingebracht werden (§ 254 Abs 2 IO).

5. Gerichtliche Entscheidungen können, soweit die IO nichts anderes vorsieht, auch **ohne mündliche Verhandlung** ergehen (§ 254 Abs 4 IO). Sofern mündliche Verhandlungen stattfinden, sind sie **nur parteiöffentlich**; § 59 EO ist anzuwenden.

6. Aufgrund des herrschenden **Untersuchungsgrundsatzes** hat das Gericht alle für seine Beurteilung maßgeblichen Tatsachen **von Amts wegen zu ermitteln und festzustellen**; zu diesem Zweck sind – auch ohne darauf gerichteten Antrag – geeignete **Erhebungen** vorzunehmen und **Beweise aufzunehmen** (§ 254 Abs 5 IO).

7. Fristen; Säumnisfolgen (§ 259 IO)

a) Die Fristen der IO sind **unerstreckbar**. Anträge, Erklärungen etc, zu deren Anbringung eine Tagsatzung vorgesehen ist, können von einem gehörig geladenen, aber nicht erschienenen Beteiligten später nicht mehr nachgeholt werden.

b) Das Gericht kann Beteiligte **zur Äußerung** über einen Antrag **auffordern** und ihnen hierzu eine **angemessene Frist** setzen. Dann darf im Fall der **Nichtäußerung** angenommen werden, dass der Beteiligte gegen den Antrag **keine Einwendungen** hat (auf diese Rechtsfolge muss in der Aufforderung hingewiesen werden).

c) Die **Wiedereinsetzung** in den vorigen Stand ist **ausgeschlossen**.

8. Besonderheiten des Rekursverfahrens (§ 260 IO)

a) Entscheidungen im Insolvenzverfahren ergehen in **Beschlussform**. Dagegen kann **Rekurs** erhoben werden, sofern das Gesetz dies nicht im Einzelfall ausschließt. Für Revisionsrekurse gilt § 528 ZPO sinngemäß.

b) Die Rekursfrist beträgt **14 Tage** (§ 260 Abs 1 IO). Sie beginnt, sofern der bekämpfte Beschluss öffentlich bekannt zu machen ist, bereits mit dessen **Aufnahme in die Insolvenzdatei** (das Datum der individuellen Zustellung ist daher nicht relevant).

c) Grundsätzlich besteht **keine Anwaltspflicht** (lediglich Rekurse bestimmter Gläubiger- oder Schuldnervertreter müssen mit der Unterschrift eines Rechtsanwalts versehen sein: vgl oben Pkt 3).

d) Im Rekurs können auch **neue Tatsachen**, die bereits zur Zeit der Beschlussfassung in erster Instanz entstanden waren (nicht hingegen *nova producta*), vorgebracht werden. Auch **neue Beweismittel** können beantragt werden (**beschränkte Neuerungserlaubnis**) – § 260 Abs 2 IO.

e) Kann der angefochtene Beschluss ohne Nachteil eines Beteiligten abgeändert werden, so kann das **Erstgericht dem Rekurs selbst stattgeben**; praktische Anwendungsfälle sind selten. Daneben ist auch § 522 ZPO anwendbar (§ 260 Abs 3 IO).

f) **Rekurse** sind – soweit in der IO nicht anders angeordnet – grundsätzlich **einseitig** (§ 260 Abs 4 IO). In bestimmten Fällen ist das Rekursverfahren **ausnahmsweise mehrseitig**; dann ist die Rekursschrift dem Schuldner und dem Insolvenzverwalter zuzustellen. Überdies ist das **Einlangen der Rekursschrift** in der Insolvenzdatei **öffentlich bekannt zu machen**. Dies (und nicht die individuelle Zustellung der Rekursschrift) löst für die Rekursgegner die 14-tägige **Frist für die Rekursbeantwortung** aus (§ 260 Abs 6 IO).

> **Beispiele:** Rekurse gegen Beschlüsse über die Insolvenzeröffnung, über die Bestätigung des Zahlungsplans und über die Entlohnung des Insolvenzverwalters sind mehrseitig.

g) Wenn die Entscheidung des Insolvenzgerichts **öffentlich bekannt** zu machen ist, gilt dies auch für die **Rekursentscheidung** (Ausnahme: die erstinstanzliche Entscheidung wird zur Gänze bestätigt); § 260 Abs 5 IO.

9. Öffentliche Bekanntmachungen; Verständigungen

a) Seit 1. 1. 2000 erfolgt die **öffentliche Bekanntmachung** von Schriftstücken und Beschlüssen ausschließlich durch Aufnahme in die **Insolvenzdatei** (§§ 255, 256 IO). Damit wird ein höherer Grad an Publizität erzielt als durch die früher üblichen Formen der Bekanntmachung (Anschlag an der Gerichtstafel, Veröffentlichung in bestimmten Zeitungen). In die **Insolvenzdatei** kann jeder Interessierte kostenlos Einsicht nehmen (**www.edikte.justiz.gv.at**). Es gibt Suchfunktionen nach verschiedenen Kriterien (zB Name des Schuldners, Aktenzahl, Firmenbuchnummer); vgl Näheres zur Insolvenzdatei in § 256 IO; siehe auch §§ 89j und 89k GOG.

b) In bestimmten Fällen ist parallel zur öffentlichen Bekanntmachung auch die **individuelle Zustellung** an einzelne Personen vorgeschrieben. Auch hier treten freilich die Folgen der Zustellung bereits durch die **öffentliche Bekanntmachung** (Einstellung in die Insolvenzdatei) ein; dies auch dann, wenn die **individuelle Zustellung** im Einzelfall **unterblieben** sein sollte (§ 257 Abs 2 IO). Dies ist insb bedeutsam für den Beginn der Rechtsmittelfrist (siehe oben Pkt 8). In der Praxis wird dies bisweilen übersehen.

c) Die **Einsicht in die Insolvenzdatei** ist **zeitlich beschränkt**. Wenn seit Aufhebung des Insolvenzverfahrens, Ablauf der im Sanierungsplan oder Zahlungsplan festgelegten Zahlungsfrist, Beendigung oder vorzeitiger Einstellung des Abschöpfungsverfahrens **ein Jahr** verstrichen ist, wird die Einsicht nicht mehr gewährt (§ 256 Abs 2 IO).

> **Hinweis:** Der Schuldner kann die **Löschung aus der Insolvenzdatei** bereits vorher **beantragen**, wenn er den rechtskräftig bestätigten **Sanierungs- oder Zahlungsplan erfüllt** hat; Letzteres ist urkundlich nachzuweisen. Das Gericht entscheidet mit unanfechtbarem Beschluss (§ 256 Abs 3 IO). Wird einem solchen Antrag stattgegeben, so sind auch die insolvenzbezogenen Eintragungen im Firmenbuch zu löschen (§ 77a Abs 2 IO).

III. Exkurs: Insolvenz-Anhangprozesse

Die gerade behandelten Sonderbestimmungen (§§ 252–261 IO) gelten nur für das eigentliche Insolvenzverfahren. Davon zu unterscheiden sind **Zivilprozesse**, die im Zusammenhang mit einem Insolvenzverfahren stehen (zB Anfechtungs- oder Prüfungsprozesse). Sie sind nach den **allgemeinen Prozessgesetzen** zu führen. Sofern solche Prozesse vor das Insolvenzgericht gehören oder vor dieses gebracht werden können, sind einige **Abweichungen (§ 263 IO)** vorgesehen:

- **keine Senatsbesetzung** im Verfahren erster Instanz (§ 7a JN ist unanwendbar);
- im Verfahren vor dem Gerichtshof sind die Normen über das **bezirksgerichtliche Verfahren** anzuwenden, es sei denn, für die Klage wäre auch sonst ein Gerichtshof sachlich zuständig.

Für manche dieser Insolvenz-Anhangprozesse ist das Insolvenzgericht **ausschließlich zuständig** (insb für Prüfungs- und Anfechtungsprozesse). Dagegen besteht für die in **§ 262 IO** angeführten Prozesse lediglich eine **Wahlzuständigkeit** des Insolvenzgerichts; hier kann der Kläger wahlweise das Insolvenzgericht oder das nach allgemeinen Regeln zuständige Gericht anrufen.

> **Beispiele:** Klagen, mit denen Aus- oder Absonderungsrechte oder Masseforderungen geltend gemacht werden; Verfahren über Haftungsansprüche wegen pflichtwidrigen Verhaltens des Insolvenzverwalters; Klagen über Ansprüche aus Fortführungsgarantien.

D. Die Organe des Insolvenzverfahrens

Überblick: Das Insolvenzverfahren ist ein arbeitsteiliges Verfahren, in dem folgende Organe (teils zwingend, teils fakultativ) tätig werden:

• Insolvenzgericht
• Insolvenzverwalter (Masse- oder Sanierungsverwalter)
• Gläubigerversammlung
• Gläubigerausschuss

I. Das Insolvenzgericht

1. Zuständigkeit

a) Die **sachliche Zuständigkeit** richtet sich danach, ob der Schuldner ein Unternehmen betreibt. Für **natürliche Personen**, die **kein Unternehmen** betreiben, ist das **Bezirksgericht** zuständig (§ 182 IO; das Insolvenzverfahren wird in diesem Fall als Schuldenregulierungsverfahren bezeichnet), in allen anderen Fällen das **Landesgericht**.

Die **Zuständigkeit des Bezirksgerichts** greift auch in jenen Fällen, in denen der Schuldner früher Unternehmer war, das Unternehmen aber zum Antragszeitpunkt nicht mehr betreibt, mögen auch die Schulden (ganz oder teilweise) aus dieser Tätigkeit herrühren. Entscheidend für die Beurteilung ist, ob der Schuldner zum **Zeitpunkt**, in dem der **Antrag auf Insolvenzeröffnung** gestellt wird, ein Unternehmen betreibt oder nicht.

> **Beispiel:** Ein Schuldner hat Verbindlichkeiten von insgesamt ca 400.000 Euro, die großteils aus dem Betrieb eines Copy-Shops herrühren. Dieser wird zum Zeitpunkt der Antragstellung nicht mehr betrieben. Der Schuldner geht mittlerweile einer unselbständigen Tätigkeit nach. Daher wird das Insolvenzverfahren beim Bezirksgericht eröffnet und durchgeführt.

Abgesehen von den Fällen des § 182 IO ist Insolvenzgericht der **Gerichtshof erster Instanz**, für den Bereich des LGZ Wien das **Handelsgericht Wien** (§§ 63, 64 IO). Diese sachliche Zuständigkeit gilt für **alle Unternehmer**, darüber hinaus aber auch für **juristische Personen** und **Verlassenschaften**, gleichgültig ob sie ein Unternehmen betreiben oder nicht. Weiters sind die Gerichtshöfe erster Instanz generell für Sicherungsmaßnahmen nach Art 38 EuInsVO zuständig (§ 220 IO).

Für den **Unternehmensbegriff** ist nach hM die **Definition des KSchG** sowie die dazu ergangene Judikatur maßgebend. Danach ist ein Unternehmen „jede auf Dauer angelegte Organisation selbständiger wirtschaftlicher Tätigkeit, mag sie auch nicht auf Gewinn gerichtet sein" (§ 1 Abs 2 KSchG; siehe auch § 1 Abs 2 UGB).

> **Beispiele für Unternehmer:** Gewerbetreibende, Landwirte, Angehörige freier Berufe (Rechtsanwälte, Ärzte, Wirtschaftstreuhänder, Steuerberater), Finanzberater, Unternehmensberater, Vermieter und Verpächter bei einer größeren Anzahl von Bestandobjekten usw.

> **Beispiele für Nicht-Unternehmer:** Arbeitnehmer, Pensionisten und Hausfrauen, sofern sie nicht daneben ein Unternehmen betreiben; Arbeitslose; auch Geschäftsführer einer GmbH sind allein wegen

dieser Funktion noch keine Unternehmer (selbst wenn sie zugleich Mehrheits- oder Alleingesellschafter sind).

Attraktionszuständigkeit: Solange über das Vermögen einer **eingetragenen Personengesellschaft** ein Insolvenzverfahren behängt, ist dieses Gericht (Gerichtshof) auch zuständig, wenn über das Vermögen eines **unbeschränkt haftenden Gesellschafters** ein Insolvenzverfahren zu eröffnen ist. Dies gilt auch, wenn die beiden Insolvenzverfahren gleichzeitig eröffnet werden (§ 65 IO).

b) **Örtlich zuständig** ist das Gericht, in dessen Sprengel der Schuldner sein **Unternehmen betreibt** oder seinen **gewöhnlichen Aufenthalt** hat. Hilfsweise wird an inländische Niederlassungen oder an den Ort angeknüpft, an dem sich Vermögen des Schuldners befindet (§ 63 IO).

c) Zur **internationalen Zuständigkeit** der österreichischen Gerichte siehe S 93, 95.

2. Aufgaben des Insolvenzgerichts

Das Gericht hat im Insolvenzverfahren insb **folgende Aufgaben:** die **Eröffnung und Aufhebung des Verfahrens** und dessen **Leitung**, die Bestellung und Überwachung des Insolvenzverwalters sowie allenfalls des Gläubigerausschusses, die Sicherung der Insolvenzmasse, die Mitwirkung an der Forderungsfeststellung, die Leitung der Abstimmung über einen Sanierungs- oder Zahlungsplan, die Entscheidung über bestimmte Fragen. Wenn **kein Insolvenzverwalter** bestellt wird (**Eigenverwaltung** im Schuldenregulierungsverfahren; § 190 Abs 1 IO), ist der **Aufgabenkreis** des Insolvenzgerichts **erweitert** (§ 190 Abs 3 IO): In solchen Fällen hat es auch einen Teil der an sich dem **Insolvenzverwalter zugewiesenen Agenden** wahrzunehmen.

II. Der Insolvenzverwalter

1. Bestellung

Im Insolvenzverfahren **vor dem Gerichtshof** ist die **Bestellung eines Insolvenzverwalters obligatorisch.** Sie erfolgt durch das Insolvenzgericht, und zwar stets bereits im Eröffnungsbeschluss. Im **Konkursverfahren** und im **Sanierungsverfahren ohne Eigenverwaltung** heißt der Insolvenzverwalter **Masseverwalter.**

Im **Sanierungsverfahren mit Eigenverwaltung** wird dem Schuldner kein Masse-, sondern ein **Sanierungsverwalter** zur Seite gestellt. Dieser übt primär Kontrollfunktionen aus. Die sonst dem Masseverwalter zugewiesenen Aufgaben werden hier zwischen Schuldner und Sanierungsverwalter aufgeteilt (siehe S 82 f). Auch im Sanierungsverfahren mit Eigenverwaltung wird somit **obligatorisch ein Verwalter** bestellt, dessen Befugnisse jedoch hinter jenen des Masseverwalters deutlich zurückbleiben.

> **Unterscheide:** Eigenverwaltung im **Sanierungsverfahren** und im **Schuldenregulierungsverfahren.** Im letzteren Fall hat die Eigenverwaltung zur Folge, dass idR **kein Insolvenzverwalter** bestellt wird; dessen Aufgaben werden teilweise vom Schuldner, teilweise vom Insolvenzgericht wahrgenommen. Die (sofortige oder nachträgliche) **Entziehung der Eigenverwaltung** ist geboten, wenn der Schuldner nicht ausreichend verlässlich ist, seine Vermögensverhältnisse undurchsichtig sind oder er kein genaues Vermögensverzeichnis vorlegt. Dann ist mit der Entziehung der Eigenverwaltung ein **Insolvenzverwalter zu bestellen** (§ 186 Abs 2 IO). Unter bestimmten Voraussetzungen ist auch die Bestellung eines Insolvenzverwalters mit **beschränktem Geschäftskreis** möglich (§ 190 Abs 2 IO).

2. Person des Insolvenzverwalters

Die Auswahl des Insolvenzverwalters obliegt dem Insolvenzgericht. Zu bestellen ist eine **unbescholtene, verlässliche und geschäftskundige Person**, die Kenntnisse im Insolvenzwesen aufweist (§ 80 Abs 2 IO). In der Unternehmensinsolvenz sind ausreichende **Kenntnisse des Wirtschaftsrechts oder der Betriebswirtschaft** erforderlich (§ 80 Abs 3 IO). Zu achten ist auch darauf, dass der Insolvenzverwalter **für den jeweiligen Einzelfall geeignet** ist und eine **zügige Durchführung des Verfahrens** gewährleistet. Die Kenntnisse und Fähigkeiten des Verwalters, seine Berufserfahrung, die Kanzleiorganisation, die technische Ausstattung sowie die Belastung mit anhängigen Insolvenzverfahren sind bei der Auswahl zu berücksichtigen (§ 80a Abs 1 IO).

Die IO nimmt nicht auf einen bestimmten **Berufsstand** Bezug. Der Insolvenzverwalter muss lediglich den in §§ 80, 80a, 80b IO genannten Anforderungen entsprechen.

> **Praktische Handhabung:** Zu Insolvenzverwaltern werden überwiegend Rechtsanwälte bestellt, in einigen Gerichtssprengeln auch Wirtschaftstreuhänder und vereinzelt Unternehmensberater.

Das Gericht kann sich bei der Auswahl auf eine **Insolvenzverwalterliste** stützen; diese wird beim **OLG Linz** als **allgemein zugängliche Datenbank** geführt (dazu und zum Inhalt siehe § 269 IO). Interessierte Personen können sich selbst (unter Anführung der erforderlichen Informationen) in diese Liste eintragen. Bei Bedarf kann das Insolvenzgericht auch eine nicht in der Liste aufscheinende, geeignete Person bestellen (§ 80a Abs 3 IO).

Der **Insolvenzverwalter** soll unabhängig sein. Er darf daher kein naher Angehöriger (§ 32 IO), aber auch kein Konkurrent des Schuldners sein und muss sowohl **vom Schuldner** als auch **von den Gläubigern unabhängig** sein (§ 80b Abs 1 IO). Ob dies im Einzelfall zutrifft, hat das Gericht vor der Bestellung **von Amts wegen** (§ 173 Abs 5 IO) zu ermitteln. Die Eröffnung des Insolvenzverfahrens darf dadurch nicht verzögert werden.

Ungeachtet dieser Kontrolle kann es vorkommen, dass die **Unabhängigkeit** des bestellten Verwalters **zweifelhaft** ist. Dann ist er verpflichtet, dem Gericht von sich aus die **maßgeblichen Umstände** (zB ein aufrechtes oder früheres Vertretungsverhältnis zum Schuldner oder zu einem Gläubiger) unverzüglich bekannt zu geben (§ 80b Abs 2 IO). Dies gilt bereits dann, wenn bei einem kritischen Betrachter prima facie der **Anschein einer Befangenheit** erweckt wird. Solche Umstände sind in der **Gläubigerversammlung** zu erörtern (§ 80b Abs 4 IO) und führen gegebenenfalls zur **Enthebung** des Insolvenzverwalters. Anstelle der Enthebung kann ein **besonderer Verwalter** bestellt werden, wenn dem Insolvenzverwalter die Unabhängigkeit (nur) gegenüber einem Gläubiger fehlt (§ 86 Abs 1 Z 2 IO).

Zu Insolvenzverwaltern können auch **juristische Personen** bestellt werden; sie haben dem Gericht eine **natürliche Person** namhaft zu machen, die sie bei Ausübung der Insolvenzverwaltung **vertritt** (§ 80 Abs 5 IO).

3. Aufgaben und Befugnisse

Der Insolvenzverwalter ist die „Drehscheibe" des Insolvenzverfahrens. Ihm obliegt die praktische Durchführung des Insolvenzverfahrens unter Wahrung der gemeinschaftlichen Interessen der Beteiligten. Er hat das masseunterworfene Vermögen in Besitz und Verwaltung zu nehmen und alle die Masse betreffenden Dispositionen anstelle des Schuldners zu treffen.

> **Beachte:** Nur eingeschränkte Befugnisse hat der **Sanierungsverwalter**. Dazu im Einzelnen S 82 f.

Grundsätzlich muss der Insolvenzverwalter die ihm zugewiesenen **Aufgaben selbst erfüllen**. Lediglich für einzelne Tätigkeiten, die **besondere Fähigkeiten** erfordern, darf er mit Zustimmung des Insolvenzgerichts **Dritte beiziehen** (§ 81 Abs 4 IO).

> **Beispiele:** Prüfung der Bücher, Schätzung des Anlage- und Umlaufvermögens, Erstellung des Jahresabschlusses.

Im Einzelnen sind folgende Aufgaben des Insolvenzverwalters hervorzuheben:

a) **Prüfung der wirtschaftlichen Lage** des Schuldners, **der bisherigen Geschäftsführung, der Insolvenzursachen etc** (vgl § 81a Abs 1 IO).

b) Unverzügliche **Prüfung, ob das Unternehmen fortgeführt** (bzw ein bereits geschlossenes Unternehmen wieder eröffnet) **werden kann** (§ 81a Abs 3 IO).

c) Bis zur **Berichtstagsatzung** hat der Verwalter zu **prüfen**, ob ein **Sanierungsplan** im Interesse der Gläubiger liegt und ob dieser voraussichtlich **erfüllbar** sein wird (vgl S 35).

d) **Feststellung und Verwertung der Aktiva:** Der Insolvenzverwalter hat unverzüglich den Stand der Aktiva zu ermitteln und ein **Inventar** zu errichten (§§ 96 IO). Mit der Errichtung des Inventars ist idR – unter Beiziehung eines Sachverständigen – die **Schätzung** zu verbinden, sofern diese nicht aus Gründen der Zweckmäßigkeit aufgeschoben wird (§ 96 Abs 2 IO). In der Folge muss der Insolvenzverwalter **die Aktiva verwerten** (Ausnahme: Innehaltung gem § 140 Abs 2 IO im Zusammenhang mit einem Sanierungsplan). Einzelheiten zur Verwertung (freihändig oder durch kridamäßige Versteigerung) vgl unten S 69 ff.

e) **Verwaltung und Vertretung der Insolvenzmasse**

Die **Vertretungsmacht** des Insolvenzverwalters ist in § 83 Abs 1 IO definiert: Danach ist er **im Verhältnis zu Dritten** kraft seiner Bestellung befugt, alle Rechtsgeschäfte und Rechtshandlungen für die Insolvenzmasse vorzunehmen, welche „die Erfüllung der Obliegenheiten seines Amtes mit sich bringt". Dazu zählt **auch die Prozessführung** für die Insolvenzmasse. Zwei Einschränkungen macht das Gesetz:

aa) Das Insolvenzgericht kann im Einzelfall die **Befugnisse des Insolvenzverwalters** beschränken; eine derartige Beschränkung wirkt **nach außen** jedoch nur, wenn das Insolvenzgericht sie **dem Dritten bekannt gegeben** hat (§ 83 Abs 1 IO). In der Praxis kommt dies selten vor.

> **Beachte:** Im Schuldenregulierungsverfahren kann auch ein **Masseverwalter mit beschränktem Geschäftskreis** bestellt werden (§ 190 Abs 2 IO). Seine Befugnisse sind von vornherein auf jene Tätigkeiten beschränkt, für die er bestellt wird (zB Führung eines Prozesses).

bb) Nach § 117 IO bedürfen bestimmte Rechtsgeschäfte zu ihrer **Wirksamkeit (im Außenverhältnis)** der **Genehmigung** des Gläubigerausschusses und des Insolvenzgerichts.

> **Genehmigungspflichtige Geschäfte nach § 117 IO sind:** Die Veräußerung oder Verpachtung des Unternehmens oder eines Unternehmensanteils iSd § 228 Abs 1 und 2 UGB (Z 1); die Veräußerung oder Verpachtung des gesamten beweglichen Anlage- und Umlaufvermögens oder eines für den Betrieb notwendigen Teils davon (Z 2); die freiwillige Veräußerung oder Verpachtung einer unbeweglichen Sache (Z 3). In allen diesen Fällen gilt die Genehmigungspflicht unabhängig vom Wert der betroffenen Sachen.

In den Fällen des **§ 117 Abs 1 Z 1 und 2 IO** ist die **Beiordnung eines Gläubigerausschusses zwingend** (§ 88 Abs 1 IO), nicht hingegen bei Veräußerung oder Verpachtung einer **unbeweglichen Sache** (§ 117 Abs 1 Z 3). Im letztgenannten Fall ist die Zustimmung des Gläubigerausschusses nur einzuholen, wenn einer bestellt ist. An Sitzungen des Ausschusses, in denen Gegenstände nach § 117 IO behandelt werden, kann **auch der Schuldner** teilnehmen (§ 89 Abs 3 IO).

Der Insolvenzverwalter hat die beabsichtigte Veräußerung oder Verpachtung **öffentlich bekannt zu machen**, und zwar insb durch Aufnahme in die **Insolvenzdatei** (alternativ oder kumulativ kommen auch andere Arten der Bekanntmachung in Betracht). Die Genehmigung darf erst erteilt werden, wenn seit der Bekanntmachung **mindestens 14 Tage** (in dringenden Fällen: acht Tage) verstrichen sind (§ 117 Abs 3 IO). Überdies hat der Verwalter auch dem Schuldner Gelegenheit zur Äußerung zu geben (§ 118 Abs 1 IO).

Diese Vorkehrungen sollen sicherstellen, dass ein möglichst **großer Interessentenkreis** von der geplanten Verwertung erfährt und das Unternehmen (Unternehmensteil, unbewegliche Sache) nicht voreilig unter dem Wert veräußert (oder verpachtet) wird.

f) **Exkurs**: Pflichten des Insolvenzverwalters **im Innenverhältnis**. Von § 117 IO zu unterscheiden sind die in §§ 114, 116 IO angeführten Pflichten. Diese sind nur im Innenverhältnis bedeutsam, begründen somit **keine nach außen wirksame Beschränkung der Vertretungsbefugnis**. Die Missachtung dieser Vorschriften steht daher der Rechtswirksamkeit des betroffenen Rechtsgeschäfts nicht entgegen. Im Einzelnen geht es um folgende Pflichten:

aa) Nach § 114 Abs 1 IO hat der Insolvenzverwalter bei **allen wichtigen Vorkehrungen** die **Äußerung des Gläubigerausschusses** einzuholen.

> **Beispiele:** Freiwillige Veräußerung beweglicher Sachen; gerichtliche Geltendmachung von Forderungen, deren Einbringlichkeit fraglich ist; Aufnahme neuer Kredite; Einbringung einer Anfechtungsklage oder Eintritt in einen bereits anhängigen Anfechtungsprozess gem § 37 Abs 3 IO (sofern Anfechtungsansprüche mit einem Streitwert bis 100.000 Euro betroffen sind; bei Überschreiten dieses Wertes gilt § 116 IO – siehe Pkt bb).

In **dringenden Fällen** kann das Gericht dem Insolvenzverwalter eine solche Maßnahme auch gestatten, ohne dass eine Äußerung des Gläubigerausschusses eingeholt wird (§ 114 Abs 2 IO).

bb) Vor Abschluss der in **§ 116 IO erfassten Geschäfte** hat der Insolvenzverwalter folgende Vorgangsweise einzuhalten: Einholung einer **Äußerung des Gläubigerausschusses** (§ 116 Abs 1 IO) sowie **des Schuldners** (§ 118 Abs 1 IO); **Mitteilung an das Insolvenzgericht** samt Vorlage der eingeholten Äußerungen, und zwar mindestens **acht Tage** vor der Vornahme der beabsichtigten Rechtshandlung. So hat das Gericht Gelegenheit, weitere Informationen einzuholen und dem Insolvenzverwalter allenfalls **Weisungen** (§ 84 IO) zu erteilen. Sofern noch keine Stellungnahme des Schuldners vorliegt und dies rechtzeitig möglich ist, hat das Gericht dem **Schuldner Gelegenheit zur Äußerung** zu geben (§ 118 Abs 2 IO).

> **Fälle:** § 116 IO erfasst folgende Rechtshandlungen, und zwar jeweils unter der Voraussetzung, dass ihr **Wert 100.000 Euro** übersteigt:
> Den Abschluss von Vergleichen; das Anerkenntnis von strittigen Aussonderungs-, Absonderungs- und Aufrechnungsansprüchen sowie von strittigen Masseforderungen; die Erhebung von Anfechtungsklagen nach §§ 27 ff IO; den Eintritt in anhängige Anfechtungsprozesse (vgl § 37 Abs 3 und 4 IO); die Erfüllung oder Aufhebung von zweiseitigen Verträgen iSd § 21 IO.

g) Zu den Aufgaben des Insolvenzverwalters zählt auch die Entscheidung darüber, ob **schwebende Rechtsgeschäfte** erfüllt (§ 21 IO) bzw ob bestimmte **Dauerschuldverhältnisse vorzeitig aufgelöst** werden (zB nach §§ 23, 25 IO).

h) Geltendmachung von **Anfechtungsansprüchen nach §§ 27 ff IO** (vgl S 67 f).

i) **Mitwirkung an der Feststellung der Passiva:** Der Insolvenzverwalter hat die angemeldeten Forderungen in ein **Anmeldungsverzeichnis** einzutragen und dieses dem Insolvenzgericht vorzulegen. Er prüft die angemeldeten Forderungen und hat in der Prüfungstagsatzung zu jeder angemeldeten Forderung eine **bestimmte Erklärung** (Anerkennung oder Bestreitung) abzugeben; Vorbehalte sind unzulässig (§ 105 Abs 3 IO).

j) **Verteilung des Masseerlöses:** Zur Zahlung der Masseforderungen siehe §§ 124, 124a IO; zur Verteilung an die Insolvenzgläubiger vgl §§ 128 ff IO und dazu S 71 ff.

4. Überwachung und Enthebung

Der **Insolvenzverwalter** unterliegt der **Überwachung des Gläubigerausschusses** (§ 89 Abs 1 IO) und des **Insolvenzgerichts** (§ 84 Abs 1 IO). Letzteres kann dem Verwalter Weisungen erteilen, Berichte und Aufklärungen von ihm verlangen, Einsicht in Unterlagen nehmen und sonstige Aufklärungen einholen. Wenn der Insolvenzverwalter seinen Aufgaben nicht ordnungsgemäß nachkommt oder sonstige wichtige Gründe vorliegen, kann ihn das Gericht auf Antrag oder von Amts wegen **entheben** (§ 87 IO). Einen **Enthebungsantrag** kann jedes Mitglied des Gläubigerausschusses, aber auch **der Schuldner** stellen (§ 87 Abs 2 IO).

5. Haftung, Rechnungslegung

Der Insolvenzverwalter hat „die durch den Gegenstand seiner Geschäftsführung gebotene Sorgfalt" anzuwenden (§ 81 Abs 1 IO). Er haftet als **Sachverständiger** gem **§ 1299 ABGB** und ist allen Beteiligten für Vermögensnachteile, die er ihnen durch pflichtwidrige Amtsführung verursacht, verantwortlich (§ 81 Abs 3 IO).

Der Insolvenzverwalter hat über seine Verwaltung genaue **Rechnung zu legen** (§ 81 Abs 1 IO). Das Insolvenzgericht kann von ihm eine Rechnungslegung jederzeit, spätestens aber bei Beendigung seiner Tätigkeit verlangen.

6. Entlohnung, Ersatz der Barauslagen

Der Insolvenzverwalter hat Anspruch auf **Ersatz seiner Barauslagen** und auf eine **Entlohnung für seine Mühewaltung** zuzüglich Umsatzsteuer (§ 82 Satz 1 IO).

Die **Höhe des Verwalterhonorars** ist im Gesetz näher definiert (§§ 82–82d IO). Die **Regelentlohnung** gem § 82 IO ist **degressiv gestaffelt** (20 Prozent des Verwertungserlöses für die ersten 22.000 Euro, 15 Prozent vom Mehrbetrag bis 100.000 Euro, 10 Prozent vom Mehrbetrag bis 500.000 Euro usw). Bemessungsgrundlage ist der erzielte **Bruttoerlös**, soweit sich der Insolvenzverwalter dafür verdienstlich gemacht hat (§ 82 Abs 2 IO).

> **Beispiel:** Wenn der Insolvenzverwalter bei der Verwertung der Masse einen Bruttoerlös von 400.000 Euro erzielt, erhält er als Regelentlohnung von den ersten 22.000 Euro 20 %, vom Mehrbetrag bis 100.000 Euro 15 % und vom Mehrbetrag über 100.000 Euro 10 % (insgesamt in unserem Beispiel somit 46.100 Euro). Hatte er mit besonderen Schwierigkeiten zu kämpfen, kann dieser Betrag erhöht werden (zB besonderer Aufwand bei der Prüfung von Aus- oder Absonderungsrechten).

Eine zusätzliche Entlohnung gibt es bei **Annahme eines Sanierungs- oder Zahlungsplans** (degressiv gestaffelte Prozentsätze vom Erfüllungserfordernis; vgl § 82a IO) und für die **Verwertung einer Sondermasse** (§ 82d IO). Bei dieser differenziert das Gesetz zwischen gerichtlicher und außergerichtlicher Veräußerung (§ 82d IO).

> **Beispiel:** Der Insolvenzverwalter verkauft eine mit Pfandrechten überlastete Liegenschaft um 400.000 Euro. Der Erlös abzüglich Sondermassekosten fließt an die Pfandgläubiger. Die Entlohnung

gem § 82d Z 2 IO beträgt 4 Prozent von den ersten 250.000 Euro und 2,75 Prozent von den weiteren 150.000 Euro, insgesamt somit 14.125 Euro.

Auch die **Unternehmensfortführung** wird gesondert entlohnt. Hiefür hat der Insolvenzverwalter längstens binnen einem Monat ab Insolvenzeröffnung einen **Kostenvoranschlag** zu legen; legt er den Voranschlag erst später, so gebührt ihm die Entlohnung erst ab dem Zeitpunkt der Vorlage (§ 82 Abs 3; siehe auch § 125a IO).

Die Entlohnung erfolgt nach einem „**Baukastensystem**". Das bedeutet, dass die einzelnen Elemente der Entlohnung **kumulativ** zum Tragen kommen (zB wenn der Insolvenzverwalter Verwertungserlöse erzielt und in der Folge ein Sanierungs- oder Zahlungsplan angenommen wird). Die tarifmäßige Entlohnung ist jeweils als **Nettobetrag** zu verstehen (erhöht sich daher um die gesetzliche Umsatzsteuer).

Bei Vorliegen **außergewöhnlicher Umstände** kann die Regelentlohnung **erhöht oder vermindert** werden. Zu einer **Erhöhung** kommt es etwa, wenn das Verfahren besonders schwierig und arbeitsaufwändig oder der Insolvenzverwalter besonders erfolgreich war (vgl § 82b IO), zu einer Verminderung zB bei besonders einfachem Verfahren (siehe im Einzelnen § 82c IO).

Die Entlohnungsansprüche sind bei **Beendigung der Tätigkeit** geltend zu machen (vorher können mit gerichtlicher Genehmigung **Vorschüsse** entnommen werden). Der Insolvenzverwalter muss die für die Höhe der Entlohnung maßgebenden Umstände – insb die Bemessungsgrundlage und die Verdienstlichkeit seiner Tätigkeit – nachvollziehbar darstellen (§ 125 Abs 1 IO).

Über die Entlohnung (und den Aufwandersatz) **entscheidet das Insolvenzgericht** nach Einvernahme des Gläubigerausschusses und des Schuldners mit **Beschluss** (§ 125 Abs 2 IO). Dieser kann mit **Rekurs an die zweite Instanz** bekämpft werden. Rekursberechtigt sind der Insolvenzverwalter, der Schuldner und die Mitglieder des Gläubigerausschusses. Der Rekurs ist **mehrseitig**; dh, die anderen Rekursberechtigten können binnen 14 Tagen eine Rekursbeantwortung erstatten. Die zweite Instanz entscheidet **endgültig**.

7. Theorien zur Rechtsstellung des Insolvenzverwalters

Die Rechtsstellung des Insolvenzverwalters ist in der IO nicht eindeutig definiert. Die Rechtslehre hat **mehrere Theorien** entwickelt, deren praktische Relevanz freilich gering ist:

a) Die **Amtstheorie** qualifiziert den Insolvenzverwalter als **gerichtlich bestelltes Organ** der Rechtspflege, das sein Amt **im eigenen Namen** ausübt. Im Prozess ist der Insolvenzverwalter **Partei kraft Amtes**. Mit dieser Theorie konform geht die in der Praxis übliche Parteibezeichnung in Zivilprozessen („RA Dr. XY als Insolvenzverwalter im Insolvenzverfahren über das Vermögen des NN ...").

b) Nach der **Vertretertheorie** ist der Insolvenzverwalter gesetzlicher Vertreter des Schuldners in Bezug auf die Insolvenzmasse.

c) Die **Organtheorie** wiederum behandelt die Insolvenzmasse als rechtsfähiges Gebilde und den Insolvenzverwalter als deren Organ mit der Stellung eines gesetzlichen Vertreters.

d) Daneben gibt es modifizierende Mischtheorien.

III. Die Gläubigerversammlung

Die **Gläubigerversammlung** besteht aus allen **am Verfahren beteiligten Insolvenzgläubigern**. Sie hat die Aufgabe, die gemeinsamen Interessen zu wahren und den Insolvenzverwalter sowie den Gläubigerausschuss zu überwachen. De facto ist ihr Einfluss auf das Insolvenzverfahren gering.

Die **Einberufung und Leitung** der Gläubigerversammlung obliegt dem Insolvenzgericht (§ 91 Abs 1 IO). Die erste Versammlung wird bereits **im Insolvenzedikt einberufen** (siehe § 74 Abs 2 Z 4, Abs 3 IO). Eine Gläubigerversammlung ist überdies einzuberufen, wenn dies bestimmte Personen unter Bekanntgabe des Gegenstandes beantragen (siehe § 91 Abs 1 IO). Zur **Berichtstagsatzung**, die auch den Zweck der ersten Gläubigerversammlung erfüllen kann, vgl § 91a IO.

Besondere Erfordernisse über die **Beschlussfähigkeit** bestehen nicht. Die Gläubigerversammlung ist daher auch beschlussfähig, wenn nur ein Insolvenzgläubiger mit einer geringfügigen Forderung anwesend ist.

Stimmrecht:

a) Stimmberechtigt sind die Gläubiger **festgestellter Insolvenzforderungen** (§ 93 Abs 1 IO).

b) Gläubiger, deren Forderungen **noch nicht geprüft, bestritten oder bedingt** sind, nehmen zunächst an der Abstimmung teil (§ 93 Abs 3 IO). Sollte sich herausstellen, dass das Ergebnis der Abstimmung von einem strittigen Stimmrecht abhängig ist, hat das Insolvenzgericht nach **vorläufiger Prüfung** und Einvernahme der Parteien zu entscheiden, **ob und in welchem Umfang diese Stimme zu zählen ist** (§ 93 Abs 4 IO).

Gegen eine solche Stimmrechtsentscheidung ist **kein Rechtsmittel** zulässig; die Entscheidung kann jedoch auf Antrag bei einer späteren Entscheidung **abgeändert** werden (§ 93 Abs 4 IO). Dies gilt freilich nicht für Stimmrechtsentscheidungen, die im Zusammenhang mit der Abstimmung über einen **Sanierungs- oder Zahlungsplan** gefällt werden; sie sind im Rekursverfahren über den Bestätigungsbeschluss voll überprüfbar. Eine spätere Abänderung iSd § 93 Abs 4 IO scheidet hier aus.

c) **Absonderungsgläubigern** steht ein Stimmrecht nur zu, soweit sie dies begehren, und nur für jenen Teil ihrer Forderung, der voraussichtlich anderweitig nicht gedeckt ist (§ 93 Abs 2 IO), somit in Höhe ihres **voraussichtlichen Ausfalls**. Sofern die Höhe des Ausfalls für das Ergebnis einer Abstimmung entscheidend ist, ist wiederum eine Stimmrechtsentscheidung vorgesehen.

d) **Kein Stimmrecht** haben Insolvenzgläubiger, die ihre Forderungen erst nach Insolvenzeröffnung durch rechtsgeschäftliche **Abtretung** erworben haben. Ausnahme: Sie haben die Forderung aufgrund einer bereits vor Insolvenzeröffnung bestandenen Verpflichtung übernommen (§ 94 IO).

Mehrheitserfordernis bei Abstimmungen: Beschlüsse und Anträge der Gläubigerversammlung bedürfen **der absoluten Mehrheit** der Stimmen, **gewichtet nach der Höhe der Forderungen.** Gezählt werden nur die Stimmen der **anwesenden Insolvenzgläubiger.** Ein **Stimmrecht in eigener Sache** ist nur bei Anträgen vorgesehen (§ 92 IO).

> **Beachte:** Die Mehrheitserfordernisse für die Annahme eines Sanierungsplans (oder Zahlungsplans) sind abweichend geregelt (vgl § 147 Abs 1 IO: Kopf- und Summenmehrheit). Siehe dazu S 78.

Die **Gläubigerversammlung** hat nur **eingeschränkte Kompetenzen.** Zu erwähnen ist insb die Befugnis, beim Insolvenzgericht **bestimmte Maßnahmen** wie die Einsetzung eines Gläubigerausschusses (§ 88 Abs 1 IO), die Enthebung des Insolvenzverwalters (§ 87 Abs 2 IO) oder einzelner Mitglieder des Gläubigerausschusses zu **beantragen.** Die Entscheidung über solche Anträge obliegt stets dem Insolvenzgericht.

Auch die Weichenstellung darüber, ob das **Unternehmen des Schuldners fortgeführt** wird, erfolgt – sofern nicht im Einzelfall eine raschere Entscheidung geboten ist (vgl § 114a Abs 1 IO) – im Rahmen einer Gläubigerversammlung (**Berichtstagsatzung**; siehe §§ 91a, 114b IO). Die **Entscheidung** über die Fortführung obliegt dem **Insolvenzgericht;** die Gläubiger sind vor der Beschlussfassung bloß **anzuhören** (§ 114b Abs 2 IO).

Verhältnis zwischen Gläubigerversammlung, Gläubigerausschuss und Insolvenzgericht: Die wenigen Kompetenzen der Gläubigerversammlung unterliegen der Korrektur durch das Insolvenzgericht. Dieses hat **Beschlüsse der Gläubigerversammlung** (ebenso wie jene des **Gläubigerausschusses**) von Amts wegen oder auf Antrag binnen acht Tagen aufzuheben, wenn sie dem **gemeinsamen Interesse der Insolvenzgläubiger widersprechen** oder andere **wichtige Gründe** vorliegen (§ 95 Abs 2 IO). Antragsbefugt ist neben dem Insolvenzverwalter jedes Mitglied des Gläubigerausschusses.

In dringenden Fällen kann das Gericht **Beschlüsse der Gläubigerversammlung** (des Gläubigerausschusses) sogar durch einen eigenen **abweichenden Beschluss ersetzen** (§ 95 Abs 3 IO), um offenkundig drohende Nachteile abzuwehren.

IV. Der Gläubigerausschuss

1. Bestellung

Ein **Gläubigerausschuss** ist nicht in jedem Insolvenzverfahren zu bestellen, sondern nur, wenn „die **Eigenart** oder der **besondere Umfang** des Unternehmens ... dies geboten erscheinen lässt" (§ 88 Abs 1 IO). Liegen diese Voraussetzungen vor, so ist dem Insolvenzverwalter ein Gläubigerausschuss „beizuordnen".

Wenn die **Veräußerung oder Verpachtung des Unternehmens** oder eines Unternehmensteils ansteht (§ 117 Abs 1 Z 1 IO), ist **stets** (also unabhängig von der Eigenart und Größe des Unternehmens) **ein Gläubigerausschuss** zu bestellen. Gleiches gilt für die Veräußerung (Verpachtung) des gesamten Anlage- und Umlaufvermögens (§ 117 Abs 1 Z 2 IO). In diesen Fällen ist der Ausschuss – auch bei Dringlichkeit der Maßnahme – jedenfalls mit der geplanten Veräußerung oder Verpachtung zu befassen. Damit will der Gesetzgeber **Vermögensverschleuderungen** einen Riegel vorschieben.

Die Ausschussmitglieder werden **vom Gericht ernannt** (zu den Vorschlagsrechten siehe § 88 Abs 1 IO). Als Mitglieder können nicht nur Gläubiger, sondern auch **sonstige physische oder juristische Personen** berufen werden, ebenso auch Dienststellen der Gebietskörperschaften. Eines der Mitglieder hat die Belange der Arbeitnehmer wahrzunehmen. Die Beiordnung eines Gläubigerausschusses sowie die Namen der Mitglieder sind **öffentlich bekannt zu machen**.

Der Gläubigerausschuss besteht aus **3–7 Mitgliedern**. Innerhalb dieses gesetzlichen Rahmens ist das Insolvenzgericht frei. Im Hinblick auf das Mehrheitsprinzip empfiehlt es sich, eine ungerade Anzahl von Ausschussmitgliedern zu bestellen. Zweckmäßigerweise sollte die Zusammensetzung des Ausschusses in etwa die **Struktur der Gläubigerschaft** widerspiegeln. Häufig finden sich daher in Gläubigerausschüssen die bevorrechteten Gläubigerschutzverbände, Bankenvertreter, sonstige Großgläubiger ua.

2. Aufgaben

a) Der Gläubigerausschuss hat den Insolvenzverwalter zu **überwachen** und zu **unterstützen** (§ 89 Abs 1 IO). Bei **wichtigen Vorkehrungen** hat der Verwalter die Äußerung des Gläubigerausschusses einzuholen (§ 114 Abs 1 IO), ebenso in den Fällen des § 116 IO. Für die in § 117 IO genannten Rechtsgeschäfte ist die **Zustimmung des Gläubigerausschusses** (und ebenso jene des **Insolvenzgerichts**) sogar Wirksamkeitsvoraussetzung.

> **Beispiel:** Der Insolvenzverwalter will das Unternehmen veräußern (Fall des § 117 Abs 1 Z 1 IO).

b) Das Gericht hat **Beschlüsse des Gläubigerausschusses** unter den Voraussetzungen des § 95 Abs 2 IO **aufzuheben** oder nach Maßgabe des § 95 Abs 3 IO durch eine andere Verfügung zu **ersetzen** (vgl oben S 18).

c) Solange ein Gläubigerausschuss nicht bestellt wurde, kommen die dem Ausschuss zugewiesenen Aufgaben **dem Insolvenzgericht** zu. Dieses kann, wenn in solchen Fällen die Zustimmung des Gläubigerausschusses vorgeschrieben wäre, einen Beschluss der Gläubigerversammlung einholen (§ 90 IO).

3. Einberufung und Beschlussfassung; Vergütung

a) Die **Einberufung** des Gläubigerausschusses erfolgt (schriftlich) durch das Insolvenzgericht oder durch den Insolvenzverwalter. Jedes Ausschussmitglied kann die Einberufung beantragen. Wenn es die Mehrheit der Mitglieder verlangt, ist der Ausschuss jedenfalls einzuberufen. Die **Abstimmung im schriftlichen Weg** (Umlaufweg) ist zulässig (§ 89 Abs 3 IO).

Wenn eine Entscheidung über **Gegenstände nach §§ 116 oder 117 IO** (zB: Veräußerung oder Verpachtung des Unternehmens) ansteht, ist dem **Schuldner** Gelegenheit zur **Äußerung** zu geben (vgl § 118 IO).

b) Für die Beschlussfassung gilt das **Mehrheitsprinzip** (Mehrheit aller Mitglieder des Ausschusses). Ein Stimmrecht in eigener Sache ist ausgeschlossen (§ 89 Abs 3 IO).

c) Den **Mitgliedern des Gläubigerausschusses** gebührt grundsätzlich **keine Belohnung** für ihre Mühewaltung, wohl aber der Ersatz ihrer notwendigen Auslagen.

> **Ausnahme:** Nach § 89 Abs 5 IO können **besondere Geschäfte** an Mitglieder des Gläubigerausschusses übertragen werden. Für deren Übernahme kann eine besondere **Vergütung** gewährt werden. Darüber entscheidet das Insolvenzgericht nach Einvernahme des Insolvenzverwalters (§ 126 IO).

d) Zur **Haftung** der Ausschussmitglieder siehe § 89 Abs 2 IO.

E. Voraussetzungen für die Eröffnung des Insolvenzverfahrens

1. Die **Eröffnung des Insolvenzverfahrens** beschneidet nicht nur die Rechtsstellung des Schuldners, sondern berührt auch die Rechte der Gläubiger und anderer Beteiligter in erheblichem Ausmaß. Ein Eingriff von solcher Tragweite ist nur gerechtfertigt, wenn bestimmte formelle und materielle Voraussetzungen erfüllt sind. In formeller Hinsicht ist ein **Eröffnungsantrag** einer dazu **legitimierten Person** notwendig, in materieller Hinsicht das Vorliegen eines sog **Insolvenzgrundes**. Solche Gründe sind die **Zahlungsunfähigkeit**, in bestimmten Fällen alternativ dazu auch die **Überschuldung**. Eine Gläubigermehrheit ist seit 1997 nicht mehr erforderlich.

Ein **Sanierungsverfahren** kann bereits bei **drohender Zahlungsunfähigkeit** eröffnet werden (§ 167 Abs 2 IO).

2. Eröffnungsvoraussetzung ist weiters, dass ein **kostendeckendes Vermögen** vorhanden ist. Von diesem Erfordernis macht die IO jedoch mehrfach Abstriche (siehe zum Ganzen S 22 ff).

I. Insolvenzgründe

Die IO kennt **zwei Insolvenzgründe** – einen allgemeinen (**Zahlungsunfähigkeit**) und einen besonderen, der nur bei bestimmten Arten von Schuldnern zum Tragen kommt: die **Überschuldung**.

a) Die **Zahlungsunfähigkeit** ist bei allen Schuldnern ein Insolvenzgrund.

b) Dagegen bildet die **Überschuldung** nur bei folgenden Schuldnern einen Grund für die Insolvenzeröffnung:

- ○ bei **juristischen Personen,**
- ○ bei **Verlassenschaften** sowie
- ○ bei **eingetragenen Personengesellschaften**, bei denen kein unbeschränkt haftender Gesellschafter eine natürliche Person ist (insb GmbH & Co KG).

Bei den zuletzt angeführten Schuldnern ist die Überschuldung **alternativ zur Zahlungsunfähigkeit** ausreichend. Soweit solche Personen betroffen sind, ist die Überschuldung der Zahlungsunfähigkeit gleichgestellt: Die Vorschriften der IO, die sich auf die Zahlungsunfähigkeit beziehen, gelten in diesen Fällen sinngemäß auch für die Überschuldung (§ 67 Abs 2 IO).

Für alle **anderen Schuldner** (insb für natürliche Personen) ist hingegen **nur die Zahlungsunfähigkeit** tauglicher Eröffnungsgrund (für die Eröffnung eines Sanierungsverfahrens genügt bereits die **drohende Zahlungsunfähigkeit**).

1. Die Zahlungsunfähigkeit

a) Begriff

Die IO enthält **keine Definition** der **Zahlungsunfähigkeit**. Nach § 66 Abs 2 IO ist Zahlungsunfähigkeit „insbesondere" anzunehmen, wenn der Schuldner seine **Zahlungen eingestellt** hat.

Nach der Judikatur liegt Zahlungsunfähigkeit vor, wenn „ein nicht bloß vorübergehender, sondern **dauernder Mangel** an Zahlungsmitteln besteht, der den Schuldner hindert, (alle) seine **fälligen Schulden** zu bezahlen".

b) Grenze zur Zahlungsstockung

Durch das Element der **Dauer** unterscheidet sich die Zahlungsunfähigkeit von der **Zahlungsstockung**. Letztere bezeichnet einen bloß **vorübergehenden, kurzzeitigen Mangel** an Zahlungsmitteln, der jedoch **„alsbald"** mit hoher Wahrscheinlichkeit wieder behoben werden kann. Die Zahlungsstockung bildet keinen Insolvenzgrund.

Die zeitlichen Grenzen wurden vom Gesetzgeber nicht klar definiert. Nach einer jüngeren **E des OGH** sind bei der Beurteilung, ob Zahlungsunfähigkeit oder Zahlungsstockung vorliegt, folgende Kriterien zugrunde zu legen:

> Wenn der Schuldner 95 Prozent seiner fälligen Verbindlichkeiten (oder mehr) begleichen kann (**Unterdeckung** bis max **5 Prozent**), ist a priori davon auszugehen, dass in kurzer Zeit mit der Wiederherstellung der Liquidität zu rechnen ist (dabei handelt es sich freilich nicht um eine absolute, für jeden Einzelfall gültige Grenze).
>
> Kann der Schuldner **weniger als 95 Prozent** seiner fälligen Verbindlichkeiten begleichen, vermutet der OGH prima facie das Vorliegen der Zahlungsunfähigkeit. Diese Vermutung lässt sich jedoch im Einzelfall durch den Nachweis widerlegen, dass die **Liquidität in angemessener Frist wieder hergestellt** werden kann, wofür im Durchschnittsfall ein Zeitraum von **drei Monaten** als „Obergrenze" maßgeblich sein soll. Überschreitungen dieser Frist bedürfen einer besonderen Begründung, wobei in einem solchen Fall auch das Beweismaß zu erhöhen ist (Nachweis im Rahmen der Zukunftsprognose, dass die Liquiditätsschwäche mit „an Sicherheit grenzender Wahrscheinlichkeit" beseitigt werden kann).

Nach Auffassung älterer Entscheidungen des OLG Wien darf eine Zahlungsstockung das **Höchstmaß von zwei Monaten** nicht überschreiten; diese Frist beginnt mit dem Zeitpunkt, in dem fällige Schulden nicht mehr bezahlt werden können. Geringfügige Deckungslücken sind nur dann irrelevant, wenn aus der **Geringfügigkeit** auf das **baldige Überwinden** der Liquiditätsnot geschlossen werden kann (OLG Graz). Der für die Verwertung einer Liegenschaft notwendige Zeitraum ist idR zu lang, um noch von einer Zahlungsstockung auszugehen.

c) Maßgeblichkeit noch nicht fälliger Verbindlichkeiten?

Bei der Beurteilung der Zahlungsunfähigkeit werden nach hM nur die bereits **fälligen Schulden** berücksichtigt. Diese Auffassung wurde in den Erläut zur InsNov 2002 indirekt bestätigt, ebenso durch die Sondernorm des § 167 Abs 2 IO, wonach die **drohende Zahlungsunfähigkeit** nicht generell als Eröffnungsgrund anerkannt wird, sondern nur für das Sanierungsverfahren.

d) Die (negativen) Definitionsansätze des § 66 Abs 3 IO

aa) § 66 Abs 3 Satz 1 IO stellt klar, dass Zahlungsunfähigkeit **kein Andrängen von Gläubigern** voraussetzt. MaW: Bei der Prüfung der Zahlungsunfähigkeit sind **alle fälligen Zahlungspflichten** in Anschlag zu bringen, auch wenn die Gläubiger noch keine aktiven Schritte zur Rechtsverwirklichung gesetzt haben.

> **Beispiele:** Ein Schuldner kann zwar seine fälligen Verbindlichkeiten nicht mehr zur Gänze abdecken, die Gläubiger verhalten sich aber noch „ruhig" (keine Klagen, Exekutionen etc). Dies hindert nicht das Vorliegen der Zahlungsunfähigkeit (sofern die Grenze zur Zahlungsstockung überschritten ist).

bb) § 66 Abs 3 Satz 2 IO bringt eine weitere Klarstellung: Der Umstand, dass der Schuldner **einzelne Forderungen** noch **ganz oder teilweise befriedigt**, rechtfertigt nicht den Schluss auf seine Zahlungsfähigkeit (dies gilt auch dann, wenn der Schuldner den antragstellenden Gläubiger bezahlt).

> **Beispiel:** Der Schuldner zahlt noch einzelne besonders „lästige" Gläubiger, er leistet Teilzahlungen etc. Auch ein Schuldner, der bestehende Schulden nur noch durch „Aufreißen neuer Löcher" abdecken kann („Loch auf, Loch zu"), vermag damit eine vorliegende Zahlungsunfähigkeit idR nicht zu beseitigen.

e) Von der Judikatur entwickelte Indikatoren

Speziell der Gläubiger, der den Antrag auf Insolvenzeröffnung stellt, ist bei der Bescheinigung der Zahlungsunfähigkeit zumeist auf äußere Indizien angewiesen. **Beispiele aus der Judikatur:**

aa) **Anhängige Exekutionen:** Wenn ein Schuldner von mehreren Gläubigern mit Exekutionen belangt wird, ist dies ein **starkes Indiz** für seine Zahlungsunfähigkeit. Dies selbst dann, wenn die Exekutionen bisweilen Erfolg haben, weil man „in der Regel nicht annehmen darf, dass ein Schuldner die gerichtliche Zwangsvollstreckung ohne Not an sich herankommen lässt".

Manche Entscheidungen sind freilich zurückhaltender: So hat der OGH mehrfach ausgesprochen, die Verfolgung des Schuldners mit Exekutionen sei nur eines von mehreren Indizien für die Zahlungsunfähigkeit und lasse zunächst einmal nur den Schluss auf die **schlechte Zahlungsmoral** des Schuldners, nicht aber auf dessen Zahlungsunfähigkeit zu (insb wenn es nicht zur Verwertung der gepfändeten Gegenstände kommt, weil der Schuldner die betriebene Forderung jeweils vorher bezahlt).

bb) **Weitere Indikatoren:** Ein starkes Indiz für das Vorliegen der Zahlungsunfähigkeit ist naturgemäß ein **außergerichtlicher Ausgleichsversuch.** Entsprechendes gilt, wenn ein Schuldner wiederholt Zahlungsbefehle, Versäumungsurteile etc gegen sich ergehen lässt.

2. Die Überschuldung

Die Überschuldung, de lege lata **alternativer Insolvenzgrund** für die in § 67 Abs 1 IO umschriebenen Schuldner, ist hinsichtlich ihrer Brauchbarkeit als Insolvenzauslöser seit jeher umstritten. Während die einen hierin das erwünschte Mittel für eine rechtzeitige Verfahrenseröffnung sehen, beklagen andere die „mangelnde Objektivierbarkeit". Dessen ungeachtet hält der Gesetzgeber an diesem Insolvenzgrund fest.

a) Begriff der Überschuldung

aa) **Rechnerische Überschuldung:** Nach der klassischen, heute jedoch überholten Auffassung wäre eine (insolvenzrechtlich relevante) Überschuldung bereits gegeben, „wenn das Vermögen nicht mehr die Schulden deckt", oder, prägnant formuliert: „Überschuldung ist das Überwiegen der Passiven über die Aktiven". Bei dieser Gegenüberstellung werden nur die **echten Verbindlichkeiten** angesetzt und beim Aktivvermögen etwaige **stille Reserven** berücksichtigt.

> **Beachte:** Bei der Prüfung der rechnerischen Überschuldung sind grundsätzlich auch Forderungen der Gesellschafter aus **Eigenkapital ersetzenden Leistungen** (zum Begriff S 49) zu berücksichtigen. Dies gilt jedoch nicht, wenn der Gläubiger erklärt, dass er die Befriedigung seiner Forderung erst nach Beseitigung des negativen Eigenkapitals oder im Fall der Liquidation erst nach Befriedigung aller sonstigen Gläubiger begehrt und dass wegen seiner Forderung kein Insolvenzverfahren eröffnet werden muss. Eine solche **Rückstehungserklärung** kann nicht nur ein Gesellschafter für seine Forderung aus Eigenkapitalersatz, sondern auch ein sonstiger Gläubiger abgeben; sie bewirkt, dass die betreffende Forderung in der Überschuldungsbilanz nicht passiviert werden muss (§ 67 Abs 3 IO).

bb) **Fortbestehensprognose:** Versteht man Unternehmen als lebende Wirkungseinheiten, so erweist sich der rein **rechnerische** Ansatz der Überschuldung als nicht ausreichend. Er vernachlässigt die dynamische Komponente, insb die **Erwerbschancen des Unternehmens**, was unter Umständen dazu führen könnte, dass auch gesunde Unternehmen Insolvenz anmelden müssten.

Der OGH hat diesen Bedenken in einer Leitentscheidung aus dem Jahr 1986 (SZ 59/216) Rechnung getragen, in der die **Überschuldung als Doppeltatbestand** (rechnerische Überschuldung, kombiniert mit einer Fortbestehensprognose) definiert wird. Das Höchstgericht wörtlich:

*„Die rechnerische Überschuldung bildet zwar eine **notwendige**, aber noch **keine hinreichende Bedingung** für die Einleitung des Insolvenzverfahrens, weil in dieser Phase der Überschuldungsprüfung noch keine Aussage darüber möglich ist, ob eine Kapitalgesellschaft ihren Verpflichtungen nicht im Rahmen ihrer laufenden Betriebstätigkeit wird nachkommen können. Die Überschuldungsprüfung ist daher durch eine **Fortbestehensprognose** zu ergänzen, in deren Rahmen mit Hilfe sorgfältiger Analysen von Verlustursachen, eines Finanzierungsplans sowie der Zukunftsaussichten der Gesellschaft die Wahrscheinlichkeit der künftigen Zahlungsunfähigkeit und damit der Liquidation der Gesellschaft zu prüfen ist. Die Auswirkungen geplanter Sanierungsmaßnahmen sind in diese Überlegungen einzubeziehen."*

Die insolvenzrechtlich relevante Überschuldung erfordert somit neben der rechnerischen Überschuldung eine negative Fortbestehensprognose.

II. Kostendeckendes Vermögen

1. Begriff des kostendeckenden Vermögens

Als weitere Voraussetzung für die Eröffnung des Insolvenzverfahrens verlangt die IO, dass ein **kostendeckendes Vermögen** vorhanden ist (§ 71 Abs 1 IO). Dieses muss zumindest ausreichen, um die „**Anlaufkosten des Insolvenzverfahrens**" zu decken (§ 71 Abs 2 IO). Dazu zählen insb die Kosten des Insolvenzverwalters bis zur Berichtstagsatzung sowie die Gerichtsgebühren. Das Erfordernis für die Kostendeckung wird bei Unternehmern mit rund **4.000 Euro** veranschlagt.

Nicht erforderlich ist, dass das Vermögen **sofort** und **ohne Aufwand** verwertbar ist (§ 71 Abs 2 IO). Vielmehr sind zur Kostendeckung auch **Sachwerte** (zB ein Warenlager), **Forderungen** des Schuldners oder **Anfechtungsansprüche** (§§ 27 ff IO) geeignet. Bei der Schätzung vorhandener Vermögenswerte ist vom **voraussichtlichen Veräußerungswert** auszugehen, zu erwartende Verwertungskosten sind in Abzug zu bringen.

> **Beispiele:** Der Schuldner hat Halbfertigprodukte, die nach Abzug der Verwertungskosten voraussichtlich ca 6.000 Euro abwerfen. Das Insolvenzverfahren ist (auch ohne Kostenvorschuss) zu eröffnen.

Bei **Forderungen des Schuldners** ist auch deren **Einbringlichkeit** zu berücksichtigen. Besteht das Vermögen des Schuldners bloß aus Forderungen, die mit hoher Wahrscheinlichkeit uneinbringlich sind, reicht dies für die Kostendeckung nicht aus. Bei Forderungen, die erst im **Prozessweg** durchgesetzt werden müssen, sind die **Erfolgsaussichten** und die **Einbringlichkeit** sorgfältig zu prüfen.

> **Beispiele:** a) Der zahlungsunfähige Schuldner hat eine Werklohnforderung von 100.000 Euro, die jedoch wegen behaupteter Mängel bestritten wird. Außerdem macht der Bauherr Gegenforderungen geltend. Entscheidend ist, ob die Rechtsverfolgung hinreichende Aussicht auf Erfolg bietet.
>
> b) Der Schuldner hat zwar eine juristisch einwandfreie Forderung, die jedoch beim anderen Teil uneinbringlich ist, weil dieser selbst zahlungsunfähig ist (nicht ausreichend für die Kostendeckung).

2. Ermittlung von Amts wegen

Ob **kostendeckendes Vermögen** vorhanden ist, muss das Insolvenzgericht **von Amts wegen** prüfen. Einer Bescheinigung des Antragstellers bedarf es nicht. Das Gericht kann im Rahmen seiner Prüfung auch **Stellung-nahmen** der bevorrechteten Gläubigerschutzverbände einholen und Vollstreckungsorgane **mit Ermittlungen beauftragen** (§ 71 Abs 3 IO). Der Schuldner hat bei seiner Einvernahme ein **Vermögensverzeichnis** vorzulegen und zu unterfertigen; dieses hat auch Angaben über Anfechtungsansprüche zu enthalten (§ 71 Abs 4 IO).

3. Vorgangsweise bei Fehlen eines kostendeckenden Vermögens

Wenn es an einem kostendeckenden Vermögen fehlt, hat das Gericht dem **Antragsteller** (Gläubiger oder Schuldner) den **Erlag eines Kostenvorschusses** (bei Unternehmern idR 4.000 Euro) aufzuerlegen und ihm dafür eine Frist zu setzen. Ein solcher Beschluss ist weder abgesondert bekämpfbar noch vollstreckbar (§ 71a Abs 1 IO). Ein Kostenvorschuss kann auch aufgetragen werden, wenn das vorhandene Vermögen in einem **Anfechtungsanspruch** oder einer **sonstigen Forderung** besteht. Varianten für den weiteren Ablauf:

a) Wird der **Kostenvorschuss rechtzeitig erlegt**, hat das Gericht das Insolvenzverfahren zu **eröffnen** (außer es stünde fest, dass überhaupt kein Vermögen vorhanden ist).

b) Bei **nicht rechtzeitigem Erlag** wird das Insolvenzverfahren mangels Kostendeckung **nicht eröffnet** (§ 71a Abs 2 IO). In einem solchen Fall hat das Gericht im **Spruch des Beschlusses** auf die **fehlende Kostendeckung** und auf die **Zahlungsunfähigkeit** des Schuldners hinzuweisen (§ 71b Abs 1 IO). Damit soll auch für weniger fachkundige Personen deutlich zum Ausdruck gebracht werden, dass der Schuldner **zahlungsunfähig** ist und ein Insolvenzverfahren nur deshalb nicht eröffnet werden kann, weil (nicht einmal) dessen Kosten nicht gedeckt sind.

Der Beschluss über die **Nichteröffnung mangels Kostendeckung** ist bereits vor seiner Rechtskraft **öffentlich bekannt** zu machen (**Insolvenzdatei**), ebenso der **Eintritt der Rechtskraft** eines solchen Beschlusses. Auf Antrag eines Gläubigers hat der Schuldner ein **Vermögensverzeichnis** vorzulegen und zu unterfertigen. Wenn dabei Vermögen zum Vorschein kommt, kann die Verfahrenseröffnung neuerlich beantragt werden, ohne dass Sperrfristen zu beachten wären (§ 71b Abs 2 IO).

Sofern ein Schuldner betroffen ist, dessen Firma im **Firmenbuch** eingetragen ist, wird die **Nichteröffnung mangels Kostendeckung** auch **im Firmenbuch eingetragen** (§ 77a Abs 1 Z 6 IO). Eine im Firmenbuch eingetragene Gesellschaft wird mit der Rechtskraft eines solchen Beschlusses **aufgelöst**; auch dies ist von Amts wegen im Firmenbuch einzutragen (§ 39 FBG). Außerdem zieht die Nichteröffnung eines Insolvenzverfahrens mangels Kostendeckung für den Schuldner **gewerberechtliche Nachteile** nach sich (Einleitung eines **Entziehungsverfahrens**).

Der Beschluss, mit dem ein Insolvenzverfahren **mangels kostendeckenden Vermögens nicht** eröffnet wird, kann von jeder Person, deren Rechte dadurch berührt werden, sowie von den bevorrechteten Gläubigerschutzverbänden **mit Rekurs angefochten** werden (§ 71c Abs 1 IO). Beschwert ist wegen der zahlreichen nachteiligen Rechtsfolgen insb **auch der Schuldner** selbst; auch er ist daher rekurslegitimiert.

Sperrfrist für neue Anträge auf Insolvenzeröffnung: Wenn ein Insolvenzverfahren mangels Kostendeckung nicht eröffnet wird, gilt eine **Sperrfrist von sechs Monaten**, gerechnet ab dem Tag, an dem die Rechtskraft des Beschlusses öffentlich bekannt gemacht wird. Wenn ein Gläubiger innerhalb der Sperrfrist einen neuen Antrag auf Insolvenzeröffnung einbringt, hat er zu **bescheinigen**, dass nunmehr **kostendeckendes Vermögen** vorhanden ist; alternativ dazu kann er sich auch bereit erklären, einen **Kostenvorschuss** zu erlegen (§ 71b Abs 1 letzter Satz IO). Andernfalls ist der Antrag abzuweisen. Damit sollen ergebnislose Insolvenzeröffnungsverfahren vermieden werden. Die Sperrfrist gilt aber nicht, wenn aus dem vom Schuldner gelegten Vermögensverzeichnis kostendeckendes Vermögens ersichtlich ist (§ 71b Abs 2 IO).

4. Ansprüche des Erlegers des Kostenvorschusses

a) Der Gläubiger, der den Vorschuss erlegt hat, kann diesen als **Masseforderung** zurückverlangen. Das hilft dem Erleger freilich nur, wenn nach Zahlung der Verfahrenskosten ausreichende Massemittel zur Abdeckung dieses Anspruchs übrig bleiben. Im Fall der Masseinsuffizienz gilt die Rangordnung des **§ 47 Abs 2 IO.**

b) Soweit der Rückforderungsanspruch **aus der Insolvenzmasse nicht abgedeckt** wird, kann der Erleger den Vorschuss von jeder Person verlangen, die gem § 69 Abs 2 IO **zur Stellung eines Eröffnungsantrags verpflichtet** war, den Antrag aber **schuldhaft nicht gestellt** hat (§ 71d Abs 1 IO). Voraussetzung ist somit, dass der Antrag **trotz Vorliegens eines Insolvenzgrundes** schuldhaft nicht gestellt wurde. Der Anspruch verjährt binnen drei Jahren nach Aufhebung des Insolvenzverfahrens.

c) Der Erleger des Kostenvorschusses kann diesen Betrag überdies – unabhängig von den Voraussetzungen nach § 71d Abs 1 IO – von jeder Person verlangen, die gem § 72a oder 72d IO ihrerseits zur **Erlegung eines Kostenvorschusses verpflichtet** gewesen wäre (§ 71d Abs 2 IO). Damit wird ein **verschuldensunabhängiger Anspruch des Erlegers** gegenüber den **organschaftlichen Vertretern** sowie gegenüber **Mehrheitsgesellschaftern** geschaffen. Über solche Ansprüche entscheidet das Insolvenzgericht auf Antrag mit Beschluss. Dieser kann vom Zahlungspflichtigen nur angefochten werden, wenn er die aus der Stellung als Organ oder Mehrheitsgesellschafter resultierende Verpflichtung (dem Grunde nach) bestreitet (§ 71d Abs 2 iVm § 72b Abs 4 IO). Das Rechtsmittel hat keine aufschiebende Wirkung.

5. Sonderbestimmungen für juristische Personen

a) Erlagspflicht der organschaftlichen Vertreter und Mehrheitsgesellschafter

Die Eröffnung eines **Insolvenzverfahrens über das Vermögen einer juristischen Person** soll tunlichst nicht daran scheitern, dass diese nicht über ein kostendeckendes Vermögen verfügt. Für diese Fälle sehen die §§ 72–72d IO einen – betragsmäßig limitierten – Zugriff auf das Vermögen bestimmter **nahestehender Personen** vor, um die Insolvenzeröffnung zu ermöglichen:

aa) Die **organschaftlichen Vertreter** juristischer Personen (zB Geschäftsführer einer GmbH) sind nach § 72a Abs 1 IO zur ungeteilten Hand verpflichtet, einen **Kostenvorschuss** zur Deckung der Anlaufkosten zu leisten. Diese Pflicht ist mit **4.000 Euro** limitiert. § 72a Abs 2 IO dehnt die Haftung überdies auf alle Personen aus, die innerhalb der letzten drei Monate vor Einbringung des Eröffnungsantrags organschaftliche Vertreter waren. Keine Erlagspflicht trifft hingegen den Notgeschäftsführer.

> **Beispiel:** Ein Gläubiger einer zahlungsunfähigen GmbH stellt einen Antrag auf Eröffnung des Insolvenzverfahrens. Kostendeckendes Vermögen der GmbH ist nicht feststellbar. Ein Geschäftsführer der GmbH ist noch im Amt, der andere ist vor zwei Monaten zurückgetreten. Das Gericht hat beide zur ungeteilten Hand zu verpflichten, einen Kostenvorschuss für die Abdeckung der Anlaufkosten zu erlegen. Dieser ist mit maximal 4.000 Euro zu bemessen.

bb) Neben den organschaftlichen Vertretern ist auch der **Mehrheitsgesellschafter** (Anteil von **mehr als 50 %** an der Gesellschaft) zum Erlag des Kostenvorschusses verpflichtet (§ 72d IO). Die Bestimmungen über die Erlagspflicht der organschaftlichen Vertreter (§§ 72–72c IO) sind sinngemäß anzuwenden.

b) Verfahrensrechtliche Umsetzung

Das Gericht hat die **organschaftlichen Vertreter (und allenfalls den Mehrheitsgesellschafter) aufzufordern**, den Kostenvorschuss zu erlegen und ein Verzeichnis über ihr Vermögen vorzulegen. Der Beschluss über die Leistung des Vorschusses ist **sofort vollstreckbar**. Wird der Vorschuss erlegt, so entfällt die Pflicht zur Legung des Vermögensverzeichnisses (§ 72b Abs 2 IO).

Strittig ist, ob das Gericht eine solche Aufforderung auch bereits **parallel zu den Erhebungen über die Vermögenslage der juristischen Person** erlassen darf. ME ist die Aufforderung erst zulässig, wenn die Prüfung, ob die juristische Person selbst über ein kostendeckendes Vermögen verfügt, abgeschlossen ist (und zu einem negativen Resultat geführt hat).

Der **Beschluss**, mit dem einem organschaftlichen Vertreter oder dem Mehrheitsgesellschafter ein Kostenvorschuss auferlegt und dieser zur Legung des Vermögensverzeichnisses aufgefordert wird, ist nur insoweit **mit Rekurs bekämpfbar**, als die aus der Stellung als Organ oder als Mehrheitsgesellschafter resultierende Verpflichtung **dem Grunde nach** bestritten wird (§ 72b Abs 4 IO). Nicht bekämpft werden kann daher die **Höhe des auferlegten Vorschusses** (außer wenn der gesetzliche Höchstbetrag von 4.000 Euro überschritten wird). Der Rekurs hat **keine aufschiebende Wirkung** (§ 72b Abs 5 IO).

> **Beispiel:** Einem GmbH-Geschäftsführer wird aufgetragen, einen Kostenvorschuss von 4.000 Euro zu erlegen, damit das Insolvenzverfahren über das Vermögen der GmbH eröffnet werden kann. Er wendet ein, dass er seine Funktion als Geschäftsführer bereits vier Monate vor Stellung des Eröffnungsantrags zurückgelegt habe. Der Rekurs ist zulässig, weil hier die Pflicht dem Grunde nach bestritten wird.

> **Gegenbeispiel:** Will hingegen der Adressat lediglich einwenden, dass der Kostenvorschuss zu hoch bemessen worden sei, kann er aus diesem Grund kein Rechtsmittel einbringen; tut er es dennoch, ist sein Rekurs zurückzuweisen. Eine Ausnahme gilt jedoch mE, wenn im Beschluss der Haftungs-Höchstbetrag von 4.000 Euro (siehe § 72a Abs 1 IO) überschritten wird.

Wenn die organschaftlichen Vertreter (und ggf der Mehrheitsgesellschafter) **keinen Vorschuss erlegen**, hat das Insolvenzgericht **von Amts wegen** zu prüfen, ob diese Personen über kostendeckendes Vermögen verfügen. Dabei kann es auf das Vermögensverzeichnis zurückgreifen, aber auch weitere Ermittlungen anstellen.

Für die weitere Vorgangsweise kommen folgende Varianten in Betracht:

- Verfügen die organschaftlichen Vertreter oder der Mehrheitsgesellschafter über **kostendeckendes Vermögen**, so ist das Insolvenzverfahren zu eröffnen. Der Insolvenzverwalter hat sodann den Kostenvorschuss (notfalls exekutiv) einzutreiben. Der Anspruch gegen die erlagspflichtigen Personen kann bereits vor Eröffnung des Insolvenzverfahrens durch einstweilige Vorkehrungen gesichert werden (§ 72b Abs 3 IO).

- Verfügen auch die organschaftlichen Vertreter (und ggf der Mehrheitsgesellschafter) **nicht über ein kostendeckendes Vermögen**, wird dem antragstellenden Gläubiger aufgetragen, binnen einer vom Gericht zu bestimmenden Frist (idR 14 Tage) einen Kostenvorschuss zu erlegen; wird dieser nicht geleistet, wird ein Beschluss auf Nichteröffnung des Insolvenzverfahrens mangels Kostendeckung gefasst (siehe oben S 23).

Ein organschaftlicher Vertreter oder Mehrheitsgesellschafter, der einen Vorschuss erlegt hat, kann diesen als **Masseforderung** geltend machen (§ 72c IO). Eine solche Forderung ist jedoch nachrangig gegenüber den Verfahrenskosten, zu deren Deckung der Vorschuss ja dient (vgl § 47 Abs 2 IO).

6. Sonderbestimmungen für natürliche Personen

Die wichtigste Zielsetzung der KO-Novelle 1993 bestand darin, verschuldeten natürlichen Personen eine **Sanierung** zu ermöglichen. Diese Wohltat soll nicht ausgerechnet jenen Schuldnern versagt werden, die nicht einmal über ein kostendeckendes Vermögen verfügen. Ist der Schuldner eine **natürliche Person**, so darf sein Eröffnungsantrag daher nicht allein deshalb abgewiesen werden, weil kein kostendeckendes Vermögen vorhanden ist.

Die **Eröffnung des Insolvenzverfahrens ohne Kostendeckung** setzt in diesen Fällen jedoch voraus, dass der Schuldner ein **Vermögensverzeichnis** vorlegt, einen **Zahlungsplan** beantragt und dessen **Erfüllbarkeit bescheinigt**. Weiters muss er dartun, dass die zu erwartenden Einkünfte die **Kosten des Verfahrens voraussichtlich decken** werden. Wenn der Schuldner kein Unternehmen betreibt, wird überdies verlangt, dass ein **außergerichtlicher Ausgleichsversuch** gescheitert ist oder aussichtslos wäre. Zu den Einzelheiten vgl § 183 IO sowie S 85.

Wenn das Verfahren **ohne Kostendeckung eröffnet** wird, sind dessen Kosten **aus Amtsgeldern** vorzustrecken (§ 184 Abs 1 IO).

F. Der Antrag auf Eröffnung des Insolvenzverfahrens

I. Antragsprinzip

Das Vorliegen eines Antrags bildet eine formelle Voraussetzung für die **Eröffnung des Insolvenzverfahrens**. De lege lata ist es nicht Aufgabe des Gerichts, ohne Antrag tätig zu werden. Die nach früherer Rechtslage bestandenen (wenigen) Anlassfälle, in denen ein (Konkurs-)Verfahren auch **von Amts wegen** eröffnet werden konnte (insb nach Scheitern eines Ausgleichsverfahrens), sind seit dem IRÄG 2010 obsolet. Der einzige verbleibende Fall, in dem ein Insolvenzverfahren auch weiterhin **von Amts wegen** eröffnet werden kann, findet sich in § 157f Abs 2 IO (amtswegige Entscheidung über die neuerliche Eröffnung des Insolvenzverfahrens, wenn die **Überwachung eines Sanierungsplans** durch den Treuhänder **eingestellt** wird).

II. Antragspflicht

Die **rechtzeitige Eröffnung des Insolvenzverfahrens** ist ein wichtiges Anliegen. Je rascher der materiellen Insolvenz die Verfahrenseröffnung folgt, umso besser sind die Befriedigungschancen der Gläubiger. § 69 Abs 2 IO erlegt dem Schuldner daher eine **Antragspflicht** auf: Wenn er zahlungsunfähig (bzw in den Fällen des § 67 Abs 1 IO überschuldet) ist, muss er **ohne schuldhaftes Zögern**, spätestens aber **60 Tage** nach dem Eintritt des Insolvenzgrundes den Antrag auf Eröffnung eines Insolvenzverfahrens stellen (diese Frist verlängert sich auf 120 Tage, wenn die Zahlungsunfähigkeit durch eine **Naturkatastrophe** eingetreten ist). Solange die Eröffnung eines **Sanierungsverfahrens mit Eigenverwaltung** sorgfältig vorbereitet wird, ist der Antrag nicht schuldhaft verzögert; die 60-Tage-Frist ist freilich auch hier einzuhalten. Entsprechendes gilt mE auch, wenn ein außergerichtlicher Ausgleich sorgfältig betrieben wird.

Adressaten der Antragspflicht sind **natürliche Personen, unbeschränkt haftende Gesellschafter** und **Liquidatoren** einer eingetragenen Personengesellschaft und **organschaftliche Vertreter** juristischer Personen (§ 69 Abs 3 IO). Die Antragspflicht besteht auch dann, wenn etwa die Generalversammlung versucht, dem GmbH-Geschäftsführer die Antragstellung mittels Weisung zu verbieten (eine solche Weisung wäre rechtsunwirksam).

Neu: Wenn eine (in- oder ausländische) Kapitalgesellschaft **keine organschaftlichen Vertreter** hat, trifft die Antragspflicht den **Mehrheitsgesellschafter** (§ 69 Abs 3a IO).

Speziell für **organschaftliche Vertreter juristischer Personen** (bzw Mehrheitsgesellschafter bei führungslosen Gesellschaften) ist die Befolgung der Antragspflicht schon deshalb bedeutsam, weil § 69 Abs 2 IO nach hM ein **Schutzgesetz zugunsten der Gläubiger** ist. Demgemäß kann die schuldhafte Verzögerung der Insolvenzeröffnung Schadenersatzansprüche geschädigter Gläubiger auslösen.

> **Beispiel 1:** Eine GmbH wird am 31. 3. 2014 zahlungsunfähig. Der Geschäftsführer stellt den Eröffnungsantrag schuldhaft erst ein Jahr später. Er haftet den Gläubigern, die ihre Forderungen bereits vor dem 31. 3. 2014 erworben haben (sog „Altgläubiger"), für den Schaden, der ihnen aus der verspäteten Antragstellung entstanden ist (somit für den Quotenschaden, wenn bei rechtzeitiger Insolvenzeröffnung eine höhere Quote erzielbar gewesen wäre). Solche Ansprüche können die Insolvenzgläubiger erst nach Rechtskraft der Aufhebung des Insolvenzverfahrens geltend machen (§ 69 Abs 5 IO).

> **Beispiel 2:** Wenn im obigen Beispiel nach dem 31. 3. 2014 weitere Verbindlichkeiten begründet wurden, die nicht bezahlt werden können, haftet der Geschäftsführer den Geschädigten (den sog „Neugläubigern") bei *culpa in contrahendo* für das negative Vertragsinteresse. Unter Umständen kann ein solches Verhalten auch den Tatbestand des Betruges verwirklichen.

Außerdem steigt in diesem Stadium das Risiko, „**kridaträchtige Handlungen**" zu setzen, was bei grober Fahrlässigkeit **nach § 159 Abs 1 StGB** strafbar sein kann (grob fahrlässige Beeinträchtigung von Gläubigerinteressen). Wenn der Vertreter abgaben- oder beitragsrechtliche Pflichten verletzt und dies zur Folge hat, dass **öffentliche Abgaben** (Steuern) oder **Dienstnehmerbeiträge** zur Sozialversicherung beim Abgabepflichtigen selbst (zB bei der vertretenen GmbH) uneinbringlich werden, droht dem Vertreter darüber hinaus die **persönliche Haftung** (§ 9 Abs 1 iVm § 80 BAO bzw § 67 Abs 10 ASVG). Diese wird mit **Haftungsbescheid** geltend gemacht (häufig speziell bei Insolvenz juristischer Personen). Die Unterlassung der Abfuhr von Dienstnehmerbeiträgen zur Sozialversicherung ist überdies **gerichtlich strafbar** (§ 153c StGB).

III. Antragslegitimation und Antragstellung

Legitimiert zur Stellung eines Antrags auf Eröffnung des Insolvenzverfahrens sind der **Schuldner** selbst (bzw die antragspflichtigen Personen in seinem Namen) sowie **jeder Insolvenzgläubiger**. Je nachdem, wer den Antrag stellt, gibt es Unterschiede im Verfahrensablauf:

1. Antrag eines Gläubigers auf Insolvenzeröffnung (§ 70 IO)

a) Der Antragsteller hat **glaubhaft zu machen**, dass er eine – wenngleich nicht fällige – **Insolvenzforderung** oder eine Forderung aus einer **Eigenkapital ersetzenden Leistung** hat (ein Exekutionstitel ist in beiden Fällen nicht erforderlich) und dass der Schuldner **zahlungsunfähig** ist. Gelingt dem Gläubiger diese Bescheinigung, so ist das Insolvenzverfahren „unverzüglich" zu eröffnen (§ 70 Abs 1 IO); zum Erfordernis der Kostendeckung siehe S 22 ff.

b) Ein **offenbar unbegründeter** oder **missbräuchlich** gestellter Antrag ist ohne Anhörung des Antragstellers sofort abzuweisen. Ein **Missbrauch** liegt vor, wenn der Gläubiger mit dem Antrag **insolvenzfremde Zwecke** verfolgt. Da dies idR nicht nachweisbar ist, sind praktische Anwendungsfälle eher selten.

c) Abgesehen von diesen Fällen hat das Insolvenzgericht **dem Schuldner** (bzw dessen organschaftlichen Vertretern) den Antrag **zuzustellen**. Der Sendung ist eine Belehrung anzuschließen, dass bei rechtzeitiger Vorlage eines Sanierungsplans ein Sanierungsverfahren eröffnet wird. Sofern es rechtzeitig möglich ist, hat das Gericht den Schuldner (und sonstige Auskunftspersonen) über den Antrag zu **vernehmen** (§ 70 Abs 2 IO).

> **Beachte:** Die Einvernahme des Schuldners sichert auch dessen **rechtliches Gehör**. Wird er – obwohl dies rechtzeitig möglich wäre – nicht gehört, liegt darin eine **Nichtigkeit** (§ 477 Abs 1 Z 4 ZPO). Diese kann im **Rekurs** gegen den Eröffnungsbeschluss aufgegriffen werden.

d) Tagsatzungen, die zur **Vernehmung des Schuldners** anberaumt sind, dürfen **nicht zu dem Zweck erstreckt** werden, um dem Schuldner die Möglichkeit einzuräumen, mit seinen Gläubigern **Ratenvereinbarungen** zu schließen (§ 70 Abs 2 letzter Satz IO). Dies korrespondiert mit der Anordnung des § 70 Abs 1 IO, wonach das Verfahren (bei Vorliegen der Voraussetzungen) **unverzüglich** zu eröffnen ist. Damit soll verhindert werden, dass die Insolvenzeröffnung verzögert und das Vermögen des Schuldners weiter vermindert wird.

e) Wenn die Forderung des Gläubigers **nach der Antragstellung bezahlt** wird, bleibt dies bei der Entscheidung über den Eröffnungsantrag unberücksichtigt. Gleiches gilt, wenn der Gläubiger **den Antrag zurückzieht** (auch dies ist häufig die Folge vorangegangener Zahlung). In solchen Fällen kann der Antragsteller die von ihm ausgelöste Tätigkeit des Insolvenzgerichts nicht ohne weiteres zum Stillstand bringen: Vermag der Schuldner nicht zu **bescheinigen**, dass seine **Zahlungsunfähigkeit (Überschuldung) beseitigt** ist, so ist das Insolvenzverfahren zu eröffnen. Der Einwand des Schuldners, die Forderung des Antragstellers ohnehin bezahlt zu haben, reicht somit für sich allein nicht aus, um die vom Antragsteller bescheinigte Zahlungsunfähigkeit zu entkräften (vgl § 70 Abs 4 IO). Dasselbe gilt natürlich für die Zurückziehung des Antrags durch den Gläubiger.

> **Beispiel:** Der Gläubiger zieht seinen Eröffnungsantrag zurück und begründet dies damit, er habe volle Zahlung erhalten. Dessen ungeachtet fordert das Gericht den Schuldner auf, zu bescheinigen, dass auch die anderen fälligen Schulden bezahlt sind oder mit den Gläubigern sonstige geeignete Vereinbarungen geschlossen wurden (zB Verzicht, Ratenvereinbarung, Stundung). Gelingt dies nicht und liegt Kostendeckung vor, so wird das Insolvenzverfahren auch ohne aufrechten Antrag eröffnet.

2. Antrag des Schuldners auf Insolvenzeröffnung (§ 69 IO)

a) Auf **Antrag des Schuldners** ist das Insolvenzverfahren **„sofort" zu eröffnen**. Die dem Gericht erstattete Anzeige von der Zahlungseinstellung gilt als Antrag auf Eröffnung des Insolvenzverfahrens (§ 69 Abs 1 IO).

b) Wenn **mehrere Personen antragspflichtig** sind, der Antrag aber nicht von allen ausgeht, sind die anderen über den Antrag zu vernehmen (**Beispiel:** Antrag eines von mehreren GmbH-Geschäftsführern). Wird über den Antrag kein Einverständnis erzielt, aber die Zahlungsunfähigkeit (Überschuldung) glaubhaft gemacht, so ist das Insolvenzverfahren dennoch zu eröffnen (§ 69 Abs 4 IO).

c) Ungeachtet des Wortlauts des § 69 Abs 1 IO (**„sofort"**) vertritt die Rsp zutreffend den Standpunkt, dass die **Eröffnungsvoraussetzungen** auch beim Schuldnerantrag bei begründeten Bedenken **von Amts wegen zu prüfen** sind (§ 173 Abs 5 IO). Ergibt diese Prüfung, dass eine Voraussetzung fehlt, so wird der Antrag abgewiesen.

> **Beispiele:** Der Schuldner ist entgegen seinen eigenen Angaben gar nicht zahlungsunfähig (er möchte nur die Vorteile eines Sanierungsplans, Zahlungsplans oder Abschöpfungsverfahrens erschleichen oder eine Exekutionssperre erwirken); oder: es fehlt an der erforderlichen Kostendeckung.

d) Bei einem **auf Antrag des Schuldners eröffneten Insolvenzverfahren** hat das Gericht im Eröffnungsbeschluss zu begründen, warum es **örtlich zuständig** ist (§ 69 Abs 1 IO). Damit sollen Missbräuche (zB die Erschleichung eines genehmen Insolvenzgerichts) tunlichst verhindert werden.

G. Einstweilige Vorkehrungen im Eröffnungsverfahren

Wenn das Insolvenzverfahren **nicht sofort eröffnet** werden kann, besteht die Gefahr, dass der Schuldner während der Dauer des Eröffnungsverfahrens den Befriedigungsfonds der Gläubiger weiter schmälert. Um dem vorzubeugen, hat das Insolvenzgericht **zur Sicherung der Masse**, insb zur Unterbindung anfechtbarer Rechtshandlungen und zur Sicherung der Unternehmensfortführung, **einstweilige Vorkehrungen** anzuordnen, sofern der Antrag auf Eröffnung nicht offenbar unbegründet ist (§ 73 IO). Diese Vorkehrungen sind im Grundbuch und im Firmenbuch anzumerken.

> **Beispiele:** Das Gericht kann dem Schuldner bestimmte Rechtshandlungen, zB die Veräußerung oder Belastung von Liegenschaften, unentgeltliche Verfügungen, das Eingehen von Bürgschaften etc verbieten oder von der richterlichen Zustimmung abhängig machen. Auch die Bestellung eines einstweiligen Verwalters ist möglich.

H. Die Eröffnung des Insolvenzverfahrens

I. Inhalt des Insolvenzedikts

Die **Eröffnung des Insolvenzverfahrens** wird mit Edikt **öffentlich** (in der Insolvenzdatei) **bekannt gemacht**. Dabei ist das Verfahren ausdrücklich entweder als **Konkursverfahren** oder als **Sanierungsverfahren** zu bezeichnen (§ 74 Abs 1 IO). Der Inhalt des Insolvenzedikts ist in § 74 Abs 2 IO umschrieben; es hat zu enthalten:

- die Bezeichnung des **Insolvenzgerichts**;
- **Name (Firma) und Wohnort des Schuldners**, Sitz des Unternehmens, Geburtsdatum und gegebenenfalls Firmenbuchnummer, bei **Vereinen** auch die vom Zentralen Vereinsregister vergebene **ZVR-Zahl**;
- Name, Anschrift, Telefon- und Faxnummer sowie E-Mail-Adresse des **Insolvenzverwalters**;

- einen Hinweis, ob dem Schuldner die **Eigenverwaltung** zusteht;
- Ort, Zeit und Zweck der ersten **Gläubigerversammlung**;
- die Aufforderung an die Insolvenzgläubiger, ihre **Forderungen** innerhalb bestimmter Frist **anzumelden**;
- die Aufforderung an die **Aus- und Absonderungsberechtigten iSd § 12a IO**, ihre Rechte **innerhalb der Anmeldungsfrist** geltend zu machen (davon erfasst werden Aus- und Absonderungsrechte am **Einkommen des Schuldners** [Einkünfte aus einem Arbeitsverhältnis oder auf sonstige Einkünfte mit Einkommensersatzfunktion]; nach § 113a Abs 2 IO genügt es, wenn diese Rechte spätestens bis zur **Abstimmung über einen Zahlungsplan** geltend gemacht werden; siehe dazu S 43);
- Ort und Zeit der **Prüfungstagsatzung**.

II. Eintritt der Insolvenzwirkungen

Die **Rechtswirkungen der Insolvenzeröffnung** treten mit **Beginn des Tages** ein, der der öffentlichen Bekanntmachung des Edikts folgt (§ 2 Abs 1 IO). Sie bleiben vorerst auch aufrecht, wenn der Eröffnungsbeschluss mit **Rekurs** bekämpft wird (dieser hat **keine aufschiebende Wirkung**). Vgl dazu S 31.

III. Maßnahmen anlässlich der Eröffnung eines Insolvenzverfahrens

1. Bekanntmachung, Zustellungen

Neben der **öffentlichen Bekanntmachung** in der Insolvenzdatei ist eine Ausfertigung des Insolvenzedikts an jeden **Insolvenzgläubiger**, dessen Adresse bekannt ist, an die im Unternehmen bestehenden **Belegschaftsorgane** sowie **an die ÖNB** zuzustellen (§ 75 Abs 1 Z 1–3 IO).

2. Sicherungsmaßnahmen, weitere Verständigungen (§ 78 IO)

Anlässlich der Eröffnung des Insolvenzverfahrens hat das Gericht alle Maßnahmen zu treffen, die zur **Sicherung der Insolvenzmasse** und zur **Fortführung des Unternehmens** dienlich sind (§ 78 Abs 1 IO).

a) Von der **Eröffnung des Insolvenzverfahrens** sind zu **benachrichtigen**: die Post, Flugplätze, Bahnhöfe und Schiffstationen, die nach Lage der Wohnung und Betriebsstätte des Schuldners in Betracht kommen. Für den Schuldner bestimmte Postsendungen sind ab sofort dem Insolvenzverwalter zuzustellen („**Postsperre**"), der sie auch zu öffnen hat (§ 78 Abs 2 und 3 IO).

> **Ausnahmen:** Die Postsperre gilt nicht im Sanierungsverfahren mit Eigenverwaltung (§ 176 Z 1 IO) und im Schuldenregulierungsverfahren, wenn dem Schuldner die Eigenverwaltung nicht entzogen wird (§ 187 Abs 1 Z 1 IO).

b) Auch **Kreditinstitute**, mit denen der Schuldner in Geschäftsverbindung steht, sind von der Eröffnung des Insolvenzverfahrens zu verständigen. Dies mit dem Auftrag, Verfügungen über Konten, Guthaben oder Depots des Schuldners nur mit Zustimmung des Insolvenzgerichts zu vollziehen (§ 78 Abs 4 IO).

c) Bei Schuldnern, die im **öffentlichen Dienst** stehen, hat das Gericht die vorgesetzte Dienstbehörde zu verständigen (§ 78 Abs 5 IO).

d) Außerdem hat der Insolvenzverwalter die **Arbeitnehmer des Schuldners** unverzüglich von der Insolvenzeröffnung zu verständigen (Ausnahmen: sie wurden bereits vom Gericht verständigt oder die Eröffnung ist – zB aus den Medien – allgemein bekannt); vgl § 78a IO.

3. Öffentliche Bücher und Register

Die Eröffnung des Insolvenzverfahrens wird im **Grundbuch** bei den Liegenschaften und Forderungen des Schuldners angemerkt, ebenso gegebenenfalls in den **Schiffs- und Patentregistern**. Bei Schuldnern, die **im Firmenbuch eingetragen** sind, ist die Insolvenzeröffnung auch im Firmenbuch einzutragen (Näheres in §§ 77, 77a IO).

IV. Rechtsmittel gegen die Eröffnung des Insolvenzverfahrens (§ 71c IO)

Gegen den **Beschluss auf Eröffnung des Insolvenzverfahrens** können alle Personen **Rekurs** erheben, deren Rechte durch die Insolvenzeröffnung berührt werden; darüber hinaus auch die bevorrechteten Gläubigerschutzverbände.

> **Beispiele:** Rekurslegitimiert sind insb der Schuldner; Insolvenzgläubiger, deren Forderungen bescheinigt sind; Absonderungsberechtigte, in deren Rechte die Insolvenzeröffnung eingreift (vgl §§ 12, 12a IO); nicht jedoch der bestellte Insolvenzverwalter.

> **Beachte:** Die **Rekursfrist** beginnt auch für jene Personen, denen das Insolvenzedikt zuzustellen ist (§ 75 IO), bereits mit der **öffentlichen Bekanntmachung** (Aufnahme in die Insolvenzdatei) und nicht mit der individuellen Zustellung.

Der **Rekurs gegen die Eröffnung** des Insolvenzverfahrens hat **keine aufschiebende Wirkung** (§ 71c Abs 2 IO). Solange über das Rechtsmittel nicht entschieden ist, bleiben daher die Insolvenzwirkungen aufrecht; dies gilt insb für die Befugnisse des Insolvenzverwalters, der während des Rekursverfahrens im Amt bleibt. Sofern das Rechtsmittelgericht den Beschluss, mit dem das Insolvenzverfahren eröffnet wurde, **rechtskräftig abändert**, ist dies ebenso **öffentlich bekannt zu machen** wie der Eröffnungsbeschluss (§ 79 Abs 1 IO). Damit enden die Insolvenzwirkungen; ein gesonderter Aufhebungsbeschluss ist in solchen Fällen nicht erforderlich.

I. Überblick über den weiteren Verfahrensgang

I. Allgemeines

Im Rahmen des **einheitlichen Insolvenzverfahrens** sind – je nach Beschaffenheit des Falles und Antragstellung – sehr **unterschiedliche Verfahrensabläufe**, von der raschen Sanierung des Schuldners im Rahmen eines Sanierungsverfahrens bis zu einer langwierigen Liquidierung des Massevermögens, denkbar. Die IO ist ausreichend flexibel, um die Abwicklung unterschiedlichster Ziele und Vorgangsweisen unter einem Verfahrensdach zu gewährleisten.

Das eröffnete **Insolvenzverfahren** wird in der Insolvenzdatei entweder als **Konkurs- oder als Sanierungsverfahren** bezeichnet. Ein **Sanierungsverfahren** liegt vor, wenn der Schuldner den Eröffnungsantrag gestellt hat und überdies bereits vor Insolvenzeröffnung einen zulässigen Sanierungsplan beantragt hat (§ 167 Abs 1 IO). Andernfalls ist das Verfahren als **Konkursverfahren** zu eröffnen. Ungeachtet dieser Weichenstellung bleibt der weitere **Verlauf des Verfahrens** jedoch offen: Einerseits kann der Sanierungsplan scheitern, was zur Folge hat, dass das Verfahren als Konkursverfahren weitergeführt wird (Umbenennung samt öffentlicher Bekanntmachung gem § 167 Abs 3 und 4 IO), andererseits kann der Schuldner auch im Rahmen des Konkursverfahrens noch einen Sanierungsplan vorlegen (§ 140 Abs 1 IO).

II. Zeitlicher Ablauf in der Anfangsphase nach Insolvenzeröffnung

1. Konkursverfahren

Nach der Eröffnung des Verfahrens können die Gläubiger ihre **Forderungen anmelden**. Der Insolvenzverwalter **prüft die wirtschaftliche Lage des Schuldners**, die **Ursachen der Insolvenz** sowie die Möglichkeit, das Unternehmen fortzuführen (§ 81a Abs 1 und 3 IO). Er nimmt die Insolvenzmasse in Besitz und Verwaltung, **ermittelt die Aktiva**, trägt für deren Sicherung und Einbringung Sorge und **prüft die angemeldeten Forderungen**. Allenfalls setzt er bereits einzelne Verwertungsschritte. Die IO gibt nur ein grobes zeitliches Raster vor:

Die **erste Gläubigerversammlung** findet idR ca 14 Tage nach Eröffnung des Insolvenzverfahrens statt, die allgemeine **Prüfungstagsatzung** 60 bis 90 Tage nach der Insolvenzeröffnung. Die Frist für die Anmeldung der Forderungen endet 14 Tage vor der Prüfungstagsatzung (§ 74 Abs 3 IO). Spätestens 90 Tage nach der Eröffnung des Insolvenzverfahrens findet die **Berichtstagsatzung** statt (§ 91a IO); bei dieser wird über die Fortführung oder Schließung des Unternehmens entschieden. Die Berichtstagsatzung kann mit der Prüfungstagsatzung in einem Termin verbunden werden.

Der Schuldner hat die Möglichkeit, im Laufe des Konkursverfahrens einen **Sanierungsplan** zu beantragen und damit vorerst die **Verwertung der Insolvenzmasse zu verhindern** (§ 140 Abs 1 und 2 IO). Wenn bei der Berichtstagsatzung die **Fortführung des Unternehmens** beschlossen wird und überdies ein **Sanierungsplan im Interesse der Gläubiger** liegt, kann dem Schuldner auf seinen Antrag eine höchstens **14-tägige Frist** zur Stellung des **Sanierungsplanantrags** gesetzt werden (§ 114b Abs 2 IO).

Natürliche Personen können anstelle eines Sanierungsplans auch einen **Zahlungsplan** bzw subsidiär die Einleitung des **Abschöpfungsverfahrens** beantragen. Auch diese Varianten haben primär den Zweck, die **Sanierung des Schuldners** zu ermöglichen; sie setzen aber die vorherige **Verwertung der Insolvenzmasse** voraus.

2. Sanierungsverfahren

(1) Das **Sanierungsverfahren ohne Eigenverwaltung** unterscheidet sich nur unerheblich vom Konkursverfahren. Was den Verfahrensablauf anlangt, sind nur wenige Besonderheiten hervorzuheben:

a) Da bereits ein Sanierungsplan vorliegt, hat das Gericht bereits anlässlich der Insolvenzeröffnung die **Tagsatzung zur Abstimmung über den Sanierungsplan** anzuberaumen (idR 60–90 Tage nach der Eröffnung); diese Tagsatzung kann mit der Prüfungstagsatzung verbunden werden (§ 168 Abs 1 IO). Die **Verwertung des Unternehmens** ist erst zulässig, wenn der Sanierungsplan nicht innerhalb von 90 Tagen nach Insolvenzeröffnung angenommen wird (§ 168 Abs 2 IO).

b) Wird der **Sanierungsplan angenommen** und rechtskräftig bestätigt, ist das Verfahren damit abgeschlossen. Bei Scheitern des Sanierungsplans wird das Verfahren unter der Etikette „Konkursverfahren" fortgeführt.

(2) Das **Sanierungsverfahren mit Eigenverwaltung** ist dadurch gekennzeichnet, dass die gänzliche „Entmachtung" des Schuldners unterbleibt. Der Schuldner bleibt – in den Grenzen der §§ 171 ff IO – dispositionsfähig, er steht jedoch unter der **Aufsicht des Sanierungsverwalters**. Bestimmte Agenden sind überhaupt ex lege dem Sanierungsverwalter vorbehalten oder bedürfen dessen Genehmigung (vgl zum Ganzen S 82 f).

Der Verfahrensablauf ist grundsätzlich der gleiche wie im Sanierungsverfahren ohne Eigenverwaltung. Auch hier ist die **Sanierungsplantagsatzung** (idR verbunden mit der Prüfungstagsatzung) auf 60–90 Tage nach Insolvenzeröffnung anzuberaumen.

Bereits vorher ist allerdings eine **frühe erste Gläubigerversammlung** (oder Berichtstagsatzung) vorgesehen; diese hat idR binnen drei Wochen nach Insolvenzeröffnung stattzufinden (§ 179 IO). In dieser hat der Sanierungsverwalter ua über das Ergebnis seiner Überprüfungen gem § 178 Abs 2 IO zu berichten, insb ob der Finanzplan eingehalten werden kann, ob der Sanierungsplan erfüllbar ist und ob Gründe für die Entziehung der Eigenverwaltung vorliegen.

Wenn der Sanierungsplan nicht binnen **90 Tagen nach Insolvenzeröffnung angenommen** wird, ist dem Schuldner die **Eigenverwaltung zu entziehen**. Dann wird das Verfahren als Sanierungsverfahren ohne Eigenverwaltung oder als Konkursverfahren fortgeführt.

III. Aufhebung des Insolvenzverfahrens

Das Insolvenzverfahren ist **aufzuheben**, wenn das **Vermögen verwertet** und der **Erlös verteilt** ist (§ 139 IO); ebenso, wenn das Vermögen zur Deckung der weiteren Verfahrenskosten nicht hinreicht und auch kein Kostenvorschuss geleistet wird (§ 123a IO) oder wenn nach Ablauf der Anmeldungsfrist **alle Masse- und Insolvenzgläubiger** der Aufhebung des Insolvenzverfahrens **zustimmen** (§ 123b IO). Die Aufhebung des Insolvenzverfahrens ist öffentlich bekannt zu machen, ebenso die Rechtskraft des Aufhebungsbeschlusses (§ 123 IO). Die bei Eröffnung des Insolvenzverfahrens vollzogenen **Anmerkungen sind zu löschen** und alle die freie Verfügung des Schuldners beschränkenden Maßnahmen aufzuheben (§ 123 iVm § 79 IO).

Aufhebung ex lege:

Mit Eintritt der Rechtskraft des Beschlusses, mit dem ein **Sanierungsplan oder Zahlungsplan bestätigt** oder das **Abschöpfungsverfahren eingeleitet** wird, ist das Insolvenzverfahren **ex lege aufgehoben**; eines gesonderten Aufhebungsbeschlusses bedarf es in diesen Fällen nicht (§ 152b Abs 2, § 196 Abs 1, § 200 Abs 4 IO).

J. Wirkungen der Insolvenzeröffnung auf die Rechtsstellung des Schuldners

I. Verlust der Verfügungsfähigkeit über die Insolvenzmasse

Mit Eintritt der Insolvenzwirkungen **verliert** der Schuldner die **Verwaltungs- und Verfügungsbefugnis** über das **massezugehörige Vermögen** (§ 2 Abs 2 IO). Er bleibt zwar Eigentümer der Masse, doch bildet diese ein **Sondervermögen**, das zur gemeinschaftlichen Befriedigung der Insolvenzgläubiger bestimmt ist. Die Befugnis zur **Verwaltung und Vertretung der Insolvenzmasse** geht auf den **Insolvenzverwalter** über, ebenso die Befugnis, massebezogene Verfahren zu führen. Der Schuldner bleibt lediglich über sein insolvenzfreies Vermögen dispositionsfähig.

Rechtshandlungen des Schuldners, die **nach Eröffnung des Insolvenzverfahrens** gesetzt werden und die Insolvenzmasse betreffen, sind **den Insolvenzgläubigern gegenüber unwirksam** (§ 3 Abs 1 IO). Damit wird die Masse gegenüber Handlungen des Schuldners rechtlich abgeschirmt.

Ausnahmen bei Eigenverwaltung:

a) Im **Sanierungsverfahren mit Eigenverwaltung** sind jene Rechtshandlungen, zu denen der Schuldner nach § 171 IO berechtigt ist, wirksam (siehe auch § 174 IO: Begründung von **Masseforderungen**).

b) Ein Privatschuldner, dem die **Eigenverwaltung** belassen wird (§ 186 IO), bleibt über die Gegenstände der Insolvenzmasse zwar verfügungsbefugt, seine Dispositionen bedürfen jedoch der **Zustimmung des Insolvenzgerichts** (§ 187 Abs 1 Z 3 IO), ebenso die Begründung von Verbindlichkeiten, die aus der Insolvenzmasse zu erfüllen sind (§ 187 Abs 1 Z 4 IO). Zustimmungspflichtig ist auch die Führung von **Rechtsstreitigkeiten**, sofern sie die Insolvenzmasse betreffen.

II. Zahlungen an den Schuldner

Nach Eröffnung des Insolvenzverfahrens können Dritte, die dem Schuldner etwas schulden, grundsätzlich **nicht mehr schuldbefreiend** an diesen leisten. Davon gibt es nur wenige **Ausnahmen**:

Die Zahlung an den Schuldner hat schuldbefreiende Wirkung, wenn

- die Leistung nachträglich **in die Insolvenzmasse fließt** oder
- dem Verpflichteten zum Zeitpunkt seiner Zahlung die **Eröffnung des Insolvenzverfahrens weder bekannt war** noch **bekannt sein musste**; bereits leichte Fahrlässigkeit schadet (§ 3 Abs 2 IO).

Die **Beweislast für das Vorliegen dieser Voraussetzungen** trifft den Dritten, der sich auf die schuldbefreiende Wirkung seiner Zahlung berufen will. Gelingt ihm der Beweis nicht, muss er seine Leistung nochmals, und zwar an die Insolvenzmasse, erbringen. Die fehlgeschlagene Zahlung an den Schuldner kann er von diesem zwar zurückfordern, wird dabei aber häufig ins Leere greifen.

Die Rsp legt die **Sorgfaltspflichten** Dritter nach § 3 Abs 2 IO idR **streng** aus. Zumindest von **Banken, Versicherungen** und sonstigen **größeren Unternehmen** wird verlangt, dass sie die **Bekanntmachungen in der Insolvenzdatei** regelmäßig verfolgen. Banken müssen relevante Tatsachen bereits bei **Öffnung ihrer Filialen** am Tag nach der Bekanntmachung evident halten. Andernfalls ist die Unkenntnis idR schuldhaft.

Dagegen kann man mE von **Verbrauchern**, aber auch von **Klein- und mittelständischen Unternehmen** nicht verlangen, dass sie die öffentlichen Bekanntmachungen ständig evident halten. Der OGH verlangt die Einsicht in die Insolvenzdatei auch von **Kleinunternehmern** zumindest dann, wenn **größere Summen in bar** ausgehändigt werden (auch wenn dies branchenüblich sein sollte).

Im **Sanierungsverfahren mit Eigenverwaltung** sind Zahlungen an den Schuldner idR schuldbefreiend, ebenso Zahlungen an den **eigenverwaltenden Schuldner** im **Schuldenregulierungsverfahren** (dort allerdings mit der Ausnahme, dass der Schuldner das **pfändbare Arbeitseinkommen** auch bei Eigenverwaltung nicht in Empfang nehmen darf: § 187 Abs 1 Z 5 IO).

III. Unterhalt des Schuldners

Der Schuldner hat **keinen Anspruch auf Unterhalt** aus der Masse. Er hat jedoch die Möglichkeit, auch während des Insolvenzverfahrens einem Erwerb nachzugehen. Erzielt er Einkünfte aus unselbständiger Tätigkeit oder sonstige Zahlungen mit Einkommensersatzfunktion (zB eine Pension), so ist das davon errechnete **Existenzminimum direkt an ihn** auszuzahlen. Unpfändbare Bezugsteile fallen nicht in die Insolvenzmasse (vgl § 2 Abs 2 IO). Die Pfändbarkeitsgrenze ist anhand der veröffentlichten Tabellen zu ermitteln (ExMinV).

Nach § 5 Abs 1 IO sind dem Schuldner und seiner Familie **aus dem Neuerwerb** jene Mittel zu überlassen, die zu einer „**bescheidenen Lebensführung unerlässlich**" sind. Reicht das laufende Einkommen dafür nicht aus, so ist dem Schuldner und seiner Familie das zur bescheidenen Lebensführung Unerlässliche **aus der Insolvenzmasse** zu gewähren (§ 5 Abs 2 IO). Dies allerdings nur, wenn der Schuldner zu einem Erwerb durch eigene Tätigkeit außer Stande ist (**Anspannungsgrundsatz**).

Im **Sanierungsverfahren mit Eigenverwaltung** darf der Schuldner die vorhandenen Mittel nur in jenem Umfang verbrauchen, als dies zu einer **bescheidenen Lebensführung** für ihn und seine Familie unerlässlich ist (§ 175 IO).

Bewohnt der Schuldner ein **zur Insolvenzmasse gehörendes Haus** (oder eine Eigentumswohnung), so sind ihm und seiner Familie vorerst die **unentbehrlichen Wohnräume** zu überlassen (§ 5 Abs 3 IO); dies verhindert jedoch nicht, dass das Haus (die Eigentumswohnung) im Insolvenzverfahren verwertet wird. Zur **Überlassung der Mietrechte** und sonstiger Nutzungsrechte an Wohnungen gem § 5 Abs 4 IO siehe S 54.

K. Fortführung oder Schließung des Unternehmens

I. Allgemeines

Eines der erklärten Ziele des Gesetzgebers ist es, die **Unternehmensfortführung** dort, wo sie ohne Schädigung der Gläubiger möglich ist, auch **im Insolvenzverfahren sicherzustellen**. Die **Unternehmensschließung** ist nur als *ultima ratio* vorgesehen, wenn feststeht, dass anders eine **Erhöhung des Ausfalls** für die Gläubiger **nicht zu vermeiden** ist (vgl § 115 Abs 1 IO). Dies hat der Insolvenzverwalter unverzüglich zu prüfen (§ 81a Abs 3 IO).

II. Vorgangsweise bis zur Berichtstagsatzung

Der Insolvenzverwalter hat ein **lebendes Unternehmen** idR **bis zur Berichtstagsatzung fortzuführen**. Damit soll sichergestellt werden, dass die von der IO angestrebte „Weichenstellung" tatsächlich in dieser Tagsatzung erfolgt. Lediglich wenn **offenkundig** ist, dass die Fortführung zu einer **Erhöhung des Ausfalls** führt, ist das Unternehmen sofort zu schließen. Die **Schließung** bedarf der vorherigen **insolvenzgerichtlichen Bewilligung**. Solange das Unternehmen fortgeführt wird, kann es nur **als Ganzes** veräußert werden (§ 114a Abs 1 IO).

Ist das **Unternehmen** bei Eröffnung des Insolvenzverfahrens **bereits geschlossen**, darf dessen **Wiedereröffnung** nur bewilligt werden, wenn dadurch voraussichtlich **keine Erhöhung des Ausfalls** entsteht (§ 115 Abs 3 IO).

III. Berichtstagsatzung

In der **Berichtstagsatzung** hat der Insolvenzverwalter zu **berichten**, ob das Unternehmen (oder einzelne Unternehmensbereiche) zu schließen ist oder ob es fortgeführt werden kann. Ebenso hat er zu berichten, ob ein **Sanierungsplan** im **gemeinsamen Interesse** der Insolvenzgläubiger liegt und ob dessen Erfüllung voraussichtlich möglich sein wird (§ 114b Abs 1 IO). Die **Entscheidung über die Fortführung** obliegt nach Anhörung der Gläubiger dem **Insolvenzgericht**. Folgende Varianten sind möglich:

- Wenn die Voraussetzungen für eine **Fortführung** gegeben sind, hat das Insolvenzgericht mit Beschluss die Fortführung anzuordnen; wenn überdies ein Sanierungsplan voraussichtlich erfüllbar ist und im gemeinsamen Interesse der Gläubiger liegt, räumt das Insolvenzgericht dem Schuldner auf dessen Antrag **zur Vorlage des Sanierungsplanvorschlags** eine Frist ein, die 14 Tage nicht übersteigen darf (§ 114b Abs 2 IO). Gegen diese Beschlüsse ist kein Rechtsmittel zulässig. Währenddessen darf das Unternehmen nicht verwertet werden.

- Die Schließung des Unternehmens darf nur angeordnet werden, wenn feststeht, dass anders eine **Erhöhung des Ausfalls unvermeidlich** ist. Wird dem Gericht glaubhaft gemacht, dass innerhalb von 14 Tagen die Voraussetzungen für die Abwendung dieses Nachteils geschaffen werden können, so ist die Entscheidung bis zum Ablauf dieser Frist auszusetzen (§ 115 Abs 1 IO).

Die **Gefahr der Ausfallserhöhung** kann insb durch eine **Fortführungsgarantie** entschärft werden. Von einer solchen spricht man, wenn ein **Dritter** gegenüber den Insolvenzgläubigern die **Haftung für jenen**

Ausfall übernimmt, den diese durch die Fortführung erleiden können (§ 115 Abs 2 IO). Die Erklärung muss in Bezug auf den **Haftungsbetrag** und die **zeitliche Dauer** ausreichend sein; Letzteres wird angenommen, wenn ihr ein Fortführungszeitraum zugrunde liegt, der nicht vor Ablauf des dritten auf die Eröffnung des Insolvenzverfahrens folgenden Monats endet.

> **Beispiel:** Ein Gesellschafter (oder die Hausbank) übernimmt die Haftung für allfällige Verluste, die sich aus der Fortführung des Unternehmens im bezeichneten Zeitraum ergeben können.

IV. Nichtannahme eines Sanierungsplans innerhalb eines Jahres

Die **Schließung des Unternehmens** ist jedenfalls anzuordnen, wenn **innerhalb eines Jahres** nach Eröffnung des Insolvenzverfahrens **kein Sanierungsplan angenommen** wurde. Diese Frist kann aus wichtigem Grund auf Antrag des Insolvenzverwalters um ein Jahr erstreckt werden; sie kann auch mehrmals, jedoch insgesamt höchstens um zwei Jahre, erstreckt werden (§ 115 Abs 4 IO), was bedeutet, dass das Unternehmen **jedenfalls nach drei Jahren** zwingend zu schließen ist. Eine dauerhafte Unternehmensfortführung durch den Insolvenzverwalter ist wegen der daraus resultierenden **Wettbewerbsverzerrung** unerwünscht.

V. Öffentliche Bekanntmachungen

Beschlüsse des Gerichts über die Fortführung, Schließung oder Wiedereröffnung des Unternehmens werden in der **Insolvenzdatei öffentlich bekannt gemacht**, ebenso die Feststellung, dass das bereits geschlossene Unternehmen geschlossen bleibt (§ 114a Abs 3, § 114b Abs 2 IO).

VI. Verwertung des nicht fortgeführten Unternehmens

Wenn das Unternehmen nicht fortgeführt werden kann, ist die **günstigste Art der Verwertung** zu bestimmen. Dabei ist stets auch zu prüfen, ob die **Gesamtveräußerung** des Unternehmens (oder einzelner Bereiche) vorteilhafter ist als die Zerschlagung (§ 114a Abs 4 IO). Bei der Veräußerung (oder Verpachtung) des Unternehmens ist das in **§ 117 IO** angeordnete Procedere einzuhalten.

VII. Gewerberecht

Mit Eröffnung des Insolvenzverfahrens entsteht ein **Fortbetriebsrecht der Insolvenzmasse**, das bis zur Aufhebung des Insolvenzverfahrens fortdauert (§ 44 GewO). Der Insolvenzverwalter hat der Behörde den **Fortbetrieb unverzüglich anzuzeigen**. Mit Einlangen dieser Anzeige tritt der Insolvenzverwalter in die Funktion des Geschäftsführers ein (§ 41 Abs 5 GewO). Dieses Fortbetriebsrecht besteht unabhängig von jenem des Schuldners und bleibt daher auch aufrecht, wenn dieser seine Gewerbeberechtigung zurücklegen sollte (§ 86 Abs 3 GewO).

> Der **Insolvenzverwalter** kann (innerhalb eines Monats ab Insolvenzeröffnung) auf das Fortbetriebsrecht der Insolvenzmasse mit Wirkung ex tunc **verzichten** (§ 43 Abs 3 GewO) oder dieses zu einem späteren Zeitpunkt – mit Wirkung ex nunc – **zurücklegen**.

L. Die Insolvenzmasse

I. Begriff

In die **Insolvenzmasse** fällt das gesamte **exekutionsunterworfene Vermögen**, das dem Schuldner zur Zeit der Insolvenzeröffnung gehört oder das er während des Insolvenzverfahrens erlangt (somit auch der **Neuerwerb**; § 2 Abs 2 IO).

> **Beispiele für Neuerwerb:** Der Schuldner erhält während des Insolvenzverfahrens eine größere Schenkung; er wird Erbe oder Legatar (vgl dazu § 4 Abs 1 IO: der Insolvenzverwalter kann anstelle des Schuldners eine bedingte Erbserklärung abgeben). Auch der **pfändbare Teil** des **laufenden Einkommens** (Arbeitsentgelt, Pension etc) fällt in die Insolvenzmasse.

II. Insolvenzfreies Vermögen

Was nicht der Exekution unterliegt, fällt grundsätzlich auch nicht in die Insolvenzmasse (sog „insolvenzfreies Vermögen"). Dazu gehören insb die **unpfändbaren Fahrnisse** sowie die **Forderungen** des Schuldners, soweit sie **gesetzlichen Pfändungsschutz** genießen. Geht daher der Schuldner einem unselbständigen Erwerb nach oder erzielt er sonstige beschränkt pfändbare Einkünfte, so fällt von vornherein nur deren **pfändbarer Teil** (§ 291a EO) in die Insolvenzmasse, während der **unpfändbare Teil** auch während des Insolvenzverfahrens **dem Schuldner zufließt** (vgl S 34). Unpfändbare Forderungen (§ 290 EO) stehen zur Gänze dem Schuldner zu.

Das „insolvenzfreie Vermögen" kann sich im Lauf des Verfahrens vermehren.

> **Beispiele:** Sachen unbedeutenden Werts können aus der Masse ausgeschieden werden (§ 119 Abs 5 IO); wenn der Insolvenzverwalter den Eintritt in einen Aktivprozess ablehnt (§ 8 IO), wird die streitverfangene Sache insolvenzfrei. Gleiches gilt, wenn der Insolvenzverwalter eine angefallene Erbschaft nicht antritt oder ein Vermächtnis oder eine unentgeltliche Zuwendung ablehnt (§ 4 Abs 2 IO).

III. Ermittlung der Aktivmasse (§§ 96 ff IO)

1. Inventar, Schätzung

Nach der Eröffnung des Insolvenzverfahrens hat der **Insolvenzverwalter**, möglichst mit Beiziehung des Schuldners, unverzüglich ein **Inventar** zu errichten. Das Insolvenzgericht kann diese Aufgabe auch einem **Vollstreckungsorgan** übertragen, wenn zur Insolvenzmasse Gegenstände gehören, die von diesem geschätzt werden können (§ 96 Abs 1 IO); dazu zählen zB die Wohnungseinrichtung und sonstige Gegenstände minderen oder allgemein bekannten Wertes.

In den sonstigen Fällen ist für die **Schätzung** idR ein **Sachverständiger** beizuziehen; mit Genehmigung des Gerichts kann die Bewertung von Massegegenständen aber auch durch Mitglieder des Gläubigerausschusses erfolgen (damit erspart man sich den Sachverständigen).

2. Auskunftspflichten des Schuldners

Der **Schuldner** hat dem Insolvenzverwalter alle erforderlichen Informationen zu erteilen (§ 99 IO). Insb hat er ein genaues **Vermögensverzeichnis** vorzulegen (§ 100 IO), in dem die einzelnen **Vermögensstücke und Forderungen** mit Angaben über ihren Betrag oder Wert sowie alle Verbindlichkeiten anzugeben sind (zum genauen Inhalt siehe § 100a IO sowie – für natürliche Personen – § 185 IO). Der Schuldner muss dieses Verzeichnis **eigenhändig unterschreiben** und sich bereit erklären, eine Erklärung über die **Richtigkeit und Vollständigkeit** vor Gericht zu unterfertigen. Die Abgabe eines **unrichti-**

gen oder unvollständigen Vermögensverzeichnisses ist, sofern dies vor Gericht oder einem Vollstreckungsorgan erfolgt, strafbar (§ 292a StGB).

> **Beachte:** Für das Vermögensverzeichnis stehen amtliche Formulare (IOForm VV1 und IOForm VV3) zur Verfügung.

Wenn der Schuldner **Ladungen nicht befolgt**, kann ihn das Gericht **zwangsweise vorführen** lassen. Die Auskunftserteilung sowie die Unterfertigung des Vermögensverzeichnisses können durch **Haft** erzwungen werden. Ebenso kann die Haft verhängt werden, wenn dies notwendig ist, um die Insolvenzmasse zu sichern oder Umtriebe zu verhindern. Die **Gesamtdauer der Haft** darf **sechs Monate** nicht übersteigen (vgl § 101 IO).

3. Auskunftspflichten Dritter

Wer **massezugehörige Gegenstände** in seiner **Gewahrsame** hat, muss dies dem Insolvenzverwalter, sobald er von der Insolvenzeröffnung Kenntnis erlangt, unverzüglich **anzeigen** und die **Inventarisierung und Schätzung gestatten** (§ 97 Abs 2 IO); Letzteres auch dann, wenn der Inhaber die Massezugehörigkeit dieser Gegenstände bestreitet oder beschränkte dingliche Rechte (zB ein Pfandrecht oder Fruchtgenussrecht) an diesen behauptet. Eine Missachtung dieser Pflicht kann **Schadenersatzansprüche** nach sich ziehen. Sachen, deren Zugehörigkeit zur Insolvenzmasse zweifelhaft ist, sind – mit einem Vermerk der von Dritten behaupteten Ansprüche – in das Inventar aufzunehmen (§ 97 Abs 1 IO).

Wer im letzten Jahr vor Eröffnung des Insolvenzverfahrens **Buchforderungen** des Schuldners erworben hat, ist verpflichtet, dem Insolvenzverwalter auf sein Verlangen ein **Forderungsverzeichnis** und **Abrechnungen** über die eingegangenen Zahlungen vorzulegen (§ 97 Abs 3 IO).

M. Aus- und Absonderungsrechte

I. Aussonderungsrechte

1. Allgemeines

Das **Aussonderungsrecht** ist das insolvenzrechtliche Gegenstück zum **Exszindierungsanspruch** (vgl § 37 EO). Es erfasst Sachen, die sich zwar beim Schuldner befinden, diesem jedoch ganz oder teilweise nicht gehören (§ 44 IO). Da nur das **Vermögen des Schuldners** in die Insolvenzmasse fällt, bleiben die Aussonderungsrechte von der Eröffnung des Insolvenzverfahrens grundsätzlich **unberührt** (§ 11 Abs 1 IO): Gegenstände Dritter fallen nicht in die Sollmasse. Ob ein rechtswirksames Aussonderungsrecht besteht, richtet sich nach **allgemeinem Zivilrecht** (§ 44 Abs 1 IO); maßgeblich sind insb die Normen des Sachenrechts.

2. Aussonderungsgründe

a) Der „klassische" Aussonderungsgrund ist das **Eigentum**. Ist ein Dritter Eigentümer einer in der (Ist-) Masse befindlichen Sache, kann er deren Aussonderung verlangen.

> Eine **Ausnahme** ist für den **Sicherungseigentümer** vorgesehen: Diesem steht im Insolvenzverfahren des Sicherungsgebers „nur" ein **Absonderungsrecht** zu (§ 10 Abs 3 IO). Damit wird der pfandähnlichen Struktur des Sicherungseigentums Rechnung getragen.

b) Wenn rechtswirksam ein **Eigentumsvorbehalt** vereinbart wurde, hat der Verkäufer in der Insolvenz des Käufers ein **Aussonderungsrecht**, solange die Ware nicht bezahlt ist (in der Praxis weit verbreitet).

Im Einzelfall ist freilich sorgfältig zu prüfen, ob der behauptete Eigentumsvorbehalt rechtswirksam begründet wurde.

> **Beispiel:** Der Verkäufer hat dem Schuldner Waren geliefert, die noch nicht bezahlt sind. Nach der Insolvenzeröffnung behauptet er, dass ein Eigentumsvorbehalt rechtswirksam vereinbart wurde (übliche Klausel: „Die Ware bleibt bis zur vollständigen Bezahlung unser Eigentum"). Wenn dies zutrifft, liegt ein beiderseits noch nicht erfüllter Vertrag (§ 21 IO) vor. Der Insolvenzverwalter hat die Wahl, entweder den vollen Kaufpreis zu bezahlen und damit Eigentum an den Waren zu erwerben oder vom Vertrag zurückzutreten. Im letzteren Fall hat der Verkäufer ein Aussonderungsrecht.

Verlängerter Eigentumsvorbehalt: Wenn der Vorbehaltskäufer die Sache vor Eröffnung des Insolvenzverfahrens weiterveräußert und seine Kaufpreisforderung an den Verkäufer abgetreten hat, liegt eine **Sicherungszession** vor; eine solche begründet nach hM (sofern sie rechtswirksam vereinbart wurde) bloß ein **Absonderungsrecht** (an der abgetretenen Forderung).

Unwirksam ist nach österreichischem Recht der sog „erweiterte Eigentumsvorbehalt". Bei diesem vereinbaren die Vertragsparteien, dass der Käufer erst Eigentum am Kaufgegenstand erwerben soll, wenn er nicht nur den Kaufpreis für diese Sache bezahlt, sondern auch **alle sonstigen Verbindlichkeiten** gegenüber dem Verkäufer erfüllt hat.

c) In der **Insolvenz des Treuhänders** kann der **Treugeber** das Treugut aussondern, obwohl er formalrechtlich nicht Eigentümer ist; hier gibt die **wirtschaftliche Betrachtung** den Ausschlag. Vgl auch § 392 Abs 2 UGB.

d) **Obligatorische Herausgabeansprüche** begründen ein Aussonderungsrecht nur dann, wenn der Gegenstand sachrechtlich nicht in die Insolvenzmasse fällt (zB: Anspruch des Vermieters, Hinterlegers etc auf Rückgabe). Dagegen begründet der **schuldrechtliche Anspruch** des Käufers auf Übereignung der Kaufsache kein Recht auf Aussonderung.

> **Beispiel:** Der Käufer eines Grundstücks hat den Kaufpreis bereits vorgeleistet, als über das Vermögen des Verkäufers das Insolvenzverfahren eröffnet wird. Zu diesem Zeitpunkt ist das Eigentum des Käufers noch nicht im Grundbuch einverleibt (und auch kein bücherlicher Rang begründet). Der Käufer hat lediglich einen obligatorischen Anspruch gegenüber dem Schuldner auf Verschaffung des Eigentums. Ein solcher begründet aber kein Recht auf Aussonderung, sondern lediglich eine Insolvenzforderung.

3. Ersatzaussonderung

Wenn das Aussonderungsgut **nach Eröffnung des Insolvenzverfahrens veräußert** worden ist, ist die **Insolvenzmasse bereichert**. Der Berechtigte kann daher jedenfalls die **Aussonderung** der bereits in die Masse geflossenen **Gegenleistung** begehren (§ 44 Abs 2 IO). Allfällige weitergehende Ersatzansprüche bleiben unberührt.

4. Verfolgungsrecht beim Distanzkauf („right of stoppage in transitu")

Der **Verkäufer** oder **Einkaufskommissionär** kann Waren zurückfordern, die von einem anderen Ort an den Schuldner **abgesendet** wurden und **noch nicht vollständig bezahlt** sind. Ausnahme: Die Ware ist schon vor Eröffnung des Insolvenzverfahrens **am Ablieferungsort angekommen** und in die Gewahrsame des Schuldners gelangt (§ 45 IO). Dieses Verfolgungsrecht stellt eine **Erweiterung des Aussonderungsrechts** dar. Der Herausgabeanspruch des Verkäufers besteht nämlich auch dann, wenn sein Eigentum bereits mit der Übergabe an den Transporteur erloschen ist (vgl § 429 ABGB).

5. Durchsetzung

Aussonderungsansprüche sind **gegenüber dem Insolvenzverwalter** geltend zu machen. Ist dieser nicht zur Herausgabe bereit, muss der Berechtigte ihn klagen. Sofern die Insolvenzmasse „derzeit" nicht zur Herausgabe verpflichtet ist (etwa weil ein aufrechter Bestandvertrag besteht), kann der Berechtigte das Bestehen seines Aussonderungsrechts im Bestreitungsfall mit **Feststellungsklage** geltend machen.

6. Zeitweilige Paralysierung der Geltendmachung

a) **Produktionsmittel** (zB Maschinen, Fahrzeuge), an denen Aussonderungsrechte bestehen, müssen nicht sofort an den Berechtigten ausgefolgt werden, wenn dadurch die **Fortführung des Unternehmens** gefährdet wäre. Hier mutet der Gesetzgeber auch den Aussonderungsberechtigten ein zeitlich limitiertes „Opfer" zu (§ 11 Abs 2 und 3 IO):

Die **Erfüllung eines Aussonderungsrechts** kann nicht vor Ablauf von **sechs Monaten nach Eröffnung des Insolvenzverfahrens** gefordert werden, wenn andernfalls die **Fortführung des Unternehmens gefährdet** wäre (dasselbe gilt für Absonderungsrechte). Ein **Exekutionsverfahren** zur Durchsetzung eines solchen Anspruchs ist auf Antrag des Insolvenzverwalters oder auf Ersuchen des Insolvenzgerichts so lange **aufzuschieben**, als der Berechtigte die Rückforderung nicht verlangen kann (§ 11 Abs 3 IO). Für die Dauer der Weiterbenützung ist ein **angemessenes Benutzungsentgelt** zu leisten (für Zeiträume nach Insolvenzeröffnung als Masseforderung zu qualifizieren).

> **Beispiel:** Im Insolvenzverfahren über das Vermögen eines Erdbewegers werden die im Fremdeigentum stehenden Bagger für die Unternehmensfortführung benötigt. Der Eigentümer kann deren Herausgabe in den ersten sechs Monaten nach Insolvenzeröffnung idR nicht fordern.

> **Ausnahme:** Die „Zwangsstundung" greift nicht, wenn die Erfüllung unerlässlich ist, um **„schwere persönliche oder wirtschaftliche Nachteile"** des Berechtigten abzuwenden. Gelingt dem Aussonderungsberechtigten dieser Nachweis, kann er seine Rechte sofort ausüben und muss daher den Ablauf der „Sperrfrist" nicht abwarten.

> **Beispiel:** Der Berechtigte betreibt selbst ein Unternehmen und benötigt die Geräte, um einen dringenden Auftrag auszuführen. Bekommt er seine Maschinen nicht, drohen ihm hohe Schadenersatzansprüche.

b) Wenn **ein in den Geltungsbereich des EKEG fallender Gesellschafter** der Gesellschaft (= der späteren Schuldnerin) eine Sache zum Gebrauch überlassen hat, kann er diese **vor Ablauf eines Jahres** ab Eröffnung des Insolvenzverfahrens nicht zurückfordern, wenn dadurch die **Fortführung des Unternehmens** gefährdet wäre (§ 26a IO). Diese Beschränkung gilt unabhängig davon, ob die Nutzungsüberlassung **entgeltlich oder unentgeltlich** erfolgt ist. Wenn ein **Entgelt vereinbart** wurde, bleibt der Entgeltanspruch auch für Zeiträume nach Eröffnung des Insolvenzverfahrens aufrecht; fehlt es an einer Entgeltvereinbarung, hat der Gesellschafter Anspruch auf ein angemessenes **Benützungsentgelt**.

> **Beispiel:** Ein GmbH-Gesellschafter hat der GmbH eine Maschine vermietet, die für den Fortbetrieb benötigt wird. Er kann sie innerhalb der Jahresfrist nicht zurückfordern. Die ab Insolvenzeröffnung anfallenden Mieten sind Masseforderungen; der Insolvenzverwalter kann jedoch den Mietvertrag vorzeitig auflösen (§ 23 IO).

II. Absonderungsrechte

1. Begriff

Absonderungsrechte sind (insolvenzfeste) Ansprüche auf **abgesonderte Befriedigung** aus bestimmten Sachen des Kridatars. Die Absonderungsgläubiger gehen, soweit ihre Forderungen im Sicherungsgut **(Sondermasse)** Deckung finden, den Insolvenzgläubigern (und ebenso den Massegläubigern) vor. Ein Überschuss aus dem Verwertungserlös fließt in die gemeinschaftliche Insolvenzmasse (§ 48 Abs 1 und 2 IO).

> **Beispiel 1:** Ein Gläubiger hat für seine Forderung (100.000 Euro) ein Pfandrecht an einer Maschine. Diese wird verwertet und ein Erlös von 150.000 Euro erzielt. Der Pfandgläubiger erhält volle Deckung, der Überling (50.000 Euro abzüglich Sondermassekosten) fließt in die Insolvenzmasse.

> **Beispiel 2:** Die gesicherte Forderung beträgt 200.000 Euro, der Erlös aus dem Pfandgut (nach Abzug der Sondermassekosten) 120.000 Euro. Der Gläubiger hat für den ungedeckten Teil eine Insolvenzforderung (80.000 Euro).

2. Beispiele für Absonderungsrechte

Die wichtigsten Absonderungsrechte sind die **Pfandrechte** an beweglichen oder unbeweglichen Sachen. Keine Rolle spielt grundsätzlich der Entstehungsgrund: Der insolvenzrechtliche Fortbestand gilt – mit den gleich darzustellenden Ausnahmen – sowohl für **vertragliche** als auch für **gesetzliche** und **exekutive** Pfandrechte.

Dem Pfandrecht gleichgestellt sind das **Sicherungseigentum**, die Rechte aus einer **Sicherungsabtretung** (§ 10 Abs 3 IO) sowie das **Zurückbehaltungsrecht** (§ 10 Abs 2 IO).

3. Insolvenzrechtliche Auswirkungen auf Bestand und Umfang der Absonderungsrechte

Grundsätzlich werden die Absonderungsrechte **durch die Eröffnung des Insolvenzverfahrens nicht berührt**. Dieser Grundsatz erfährt jedoch einige bedeutsame Ausnahmen:

a) Exekutive Absonderungsrechte, die in den letzten **60 Tagen vor Eröffnung des Insolvenzverfahrens** an Sachen des Schuldners neu erworben wurden, **erlöschen ex lege** durch die Insolvenzeröffnung (§ 12 Abs 1 IO). Dies gilt sowohl für die Exekution zur Befriedigung als auch für jene zur Sicherstellung.

> **Ausnahme:** Exekutiv erworbene Absonderungsrechte, die für öffentlich-rechtliche Abgaben (darunter versteht man insb Steuern, Gebühren, Gemeindeabgaben, SV-Beiträge, Zuschläge nach dem BUAG etc) begründet wurden, bleiben von diesem Ex-lege-Erlöschen unberührt (rechtspolitisch fragwürdig). Die Anfechtung solcher Absonderungsrechte, insb nach § 31 Abs 1 Z 1 und 2 IO, ist jedoch möglich.

Soweit diese sog „Rückschlagsperre" des § 12 IO greift (und somit das Absonderungsrecht erlischt), ist ein laufendes **Verwertungsverfahren** über Ersuchen des Insolvenzgerichts oder auf Antrag des Insolvenzverwalters **einzustellen**. Wurde die Verwertung bereits durchgeführt, ist der auf ein solches Absonderungsrecht entfallende Teil des Erlöses in die Insolvenzmasse einzubeziehen.

> **Beispiel:** 40 Tage vor Eröffnung des Insolvenzverfahrens werden zugunsten der S-Bank und des Finanzamts Fahrnisse des Schuldners gepfändet. Nach der Insolvenzeröffnung kann der Insolvenzverwalter gem § 12 IO gegenüber der S-Bank die Einstellung des Verwertungsverfahrens beantragen, nicht aber gegenüber dem Finanzamt, weil dieses nach § 12 Abs 1 IO privilegiert ist.

b) Behandlung der sichergestellten Zinsen und Kosten

Als Grundsatz gilt (auch im Insolvenzverfahren), dass der Gläubiger **aus dem Absonderungsgut** neben der Hauptsache auch die **besicherten Zinsen und Kosten** beanspruchen kann. Soweit die nach der Insolvenzeröffnung weiter auflaufenden Zinsen durch Absonderungsrechte gedeckt sind, werden sie aus dem Erlös voll gedeckt. Seit dem IRÄG 2010 gelten jedoch folgende Einschränkungen:

aa) In den **ersten sechs Monaten nach Insolvenzeröffnung** anfallende **Zinsen** stehen nur in jener Höhe zu, die für die **vertragsgemäße Zahlung** vereinbart ist (§ 48 Abs 1 Satz 2 IO; sog Vertragszinsen). Der Absonderungsgläubiger kann daher für diesen Zeitraum **keine Verzugszinsen** verlangen (auch wenn sie vereinbart sind und im Wert der Absonderungssache an sich gedeckt wären). Damit soll eine Aushöhlung des Werts des Sicherungsgutes durch (in der Praxis regelmäßig hohe) Verzugszinsen verhindert werden. Wenn für die vertragsgemäße Zahlung keine Zinsen vereinbart sind, gelten für die ersten sechs Monate die **gesetzlichen Zinsen**. Im Fall der Insolvenzaufhebung mangels kostendeckenden Vermögens (§ 123a IO) entfällt diese Beschränkung rückwirkend.

bb) Nach der Insolvenzeröffnung anfallende **Zinsen und Kosten** bleiben bei der **Berechnung des Ausfalls** (also jenes Restbetrages, den der Gläubiger als **Insolvenzforderung** geltend machen kann) unberücksichtigt (§ 132 Abs 6 IO). Diese Regelung erfasst somit jene Fälle, in denen die nach Insolvenzeröffnung entstandenen Zinsen und Kosten im Wert der Pfandsache nicht mehr gedeckt sind. Durch solche Zinsen und Kosten soll der Ausfall, den der Gläubiger als Insolvenzforderung geltend machen kann, nicht vergrößert werden.

> **Beispiele:** a) Bei Insolvenzeröffnung hat der Absonderungsgläubiger inkl Zinsen und Kosten eine Gesamtforderung von 98.000 Euro. Aus dem Verwertungserlös des Pfandgutes entfällt auf diesen Gläubiger ein Betrag von 100.000 Euro. Er kann daher die nach Insolvenzeröffnung anfallenden Zinsen und Kosten (in den Grenzen des § 48 Abs 1 IO) noch so weit beanspruchen, bis der Betrag von 100.000 Euro erreicht ist. Ein Ausfall, mit dem er am Insolvenzverfahren teilnimmt, entsteht nicht.
> b) Die Gesamtforderung bei Insolvenzeröffnung beträgt 110.000 Euro. Aus dem Verwertungserlös der Pfandsache erhält der Gläubiger 100.000 Euro. Er hat daher einen Ausfall von 10.000 Euro, den er als Insolvenzforderung geltend machen kann. Eine Erhöhung dieses Ausfalls durch nach Insolvenzeröffnung auflaufende Zinsen und Kosten ist wegen § 132 Abs 6 IO ausgeschlossen.

c) Erlöschen nach § 12a IO: Absonderungsrechte, die ein Dritter vor Eröffnung des Insolvenzverfahrens am **laufenden Einkommen** des Schuldners erworben hat (dazu zählen Forderungen auf **Arbeitsentgelt**, aber auch sonstige **Forderungen mit Einkommensersatzfunktion** wie zB Pensionsansprüche), erfahren im Insolvenzverfahren empfindliche Einschränkungen. Dabei wird nach dem Ursprung dieser Rechte differenziert. Vertraglich erworbene Rechte sind im Fortbestand stärker als exekutiv erworbene:

aa) **Vertraglich begründete Aus- und Absonderungsrechte** an solchen Ansprüchen leben nach Ablauf des Kalendermonats, in den die Eröffnung des Insolvenzverfahrens fällt, noch (maximal) **zwei Jahre** weiter und erlöschen dann (§ 12a Abs 1 IO).

> **Beispiel:** Ein Arbeitnehmer (A) hat bei einer Bank eine Kreditverbindlichkeit von 150.000 Euro; zur Besicherung hat er seine Ansprüche aus dem Arbeitsverhältnis verpfändet. Am 10. 3. 2015 wird über sein Vermögen ein Insolvenzverfahren eröffnet. Die Bank kann nach der Insolvenzeröffnung noch zwei Jahre auf den pfändbaren Teil der Bezüge greifen; am 31. 3. 2017 erlischt ihr Absonderungsrecht. Mit ihrer Restforderung ist die Bank nur (unbesicherte) Insolvenzgläubigerin. Auch hier ist ein Anwachsen des Ausfalls durch Zinsen und Kosten, die nach Insolvenzeröffnung anfallen, ausgeschlossen (§ 132 Abs 6 IO).

Wenn die Forderung des Aus- oder Absonderungsberechtigten bereits **vor Ablauf der zwei Jahre voll** (somit einschließlich Zinsen und Kosten) **abgedeckt** werden kann, erlischt das Vorrecht natürlich vorzeitig. Gibt es nachrangige vertragliche Aus- oder Absonderungsrechte, so rücken diese nach. Auch für sie gilt jedoch die (einheitliche) Zwei-Jahres-Frist, berechnet ab Ende des Monats der Insolvenzeröffnung. Aus- und Absonderungsrechte, die innerhalb dieser Frist nicht zum Zug kommen, erlöschen mit Fristablauf; dies auch dann, wenn auf sie keine Zahlung entfallen ist.

Wiederaufleben: § 12a IO hat den Zweck, die **Sanierung des Schuldners** (durch Sanierungsplan, Zahlungsplan oder Restschuldbefreiung nach einem Abschöpfungsverfahren) zu erleichtern. Demgemäß erlöschen die Sicherungsrechte nicht endgültig; in bestimmten Fällen **leben sie wieder auf** (§ 12a Abs 4 IO). Dies insb, wenn eine Sanierung des Schuldners nicht zustande kommt oder nachträglich scheitert.

> **Beispiel:** Der Schuldner, der seine Einkünfte an eine Bank verpfändet hat, bietet seinen Gläubigern einen Zahlungsplan an, der jedoch nicht angenommen wird. Gegen die Einleitung des Abschöpfungsverfahrens werden erfolgreich Einleitungshindernisse geltend macht. Nach Verwertung der Insolvenzmasse und Verteilung des Erlöses wird das Insolvenzverfahren nach § 139 IO aufgehoben. Damit lebt das Pfandrecht der Bank in vollem Umfang (somit ohne die zeitliche Beschränkung des § 12a Abs 1 IO) wieder auf.

> **Beachte:** § 113a Abs 2 IO normiert für Aus- oder Absonderungsrechte an Forderungen iSd § 12a IO eine **weitere Beschränkung:** Sie erlöschen (vorzeitig), wenn sie **nicht bis zur Abstimmung über den Zahlungsplan geltend gemacht** werden. Damit soll verhindert werden, dass die Gläubiger in Unkenntnis solcher Rechte über einen Zahlungsplan abstimmen, die Aus- oder Absonderungsberechtigten ihr Vorrecht erst später geltend machen und damit die **Erfüllung des Zahlungsplans** vereiteln. § 113a IO soll sicherstellen, dass die Gläubiger und das Insolvenzgericht bei der Abstimmung über den Zahlungsplan eine **ausreichende Informationsgrundlage** haben.

> **Beispiel:** Der Schuldner übersieht, dass ein vertragliches Pfandrecht an seinen Einkünften besteht. Er bietet einen Zahlungsplan an, der bereits in den ersten zwei Jahren Leistungen an die Insolvenzgläubiger vorsieht. Diese sollen aus dem pfändbaren Teil des Einkommens bestritten werden. Könnte nachträglich das vertragliche Pfandrecht geltend gemacht werden, würde der Zahlungsplan scheitern, weil der Schuldner seine Zahlungsplanraten nicht mehr zahlen könnte. Dies soll § 113a Abs 2 IO verhindern.

Die Geltendmachung erfolgt durch **Anmeldung des Aus- oder Absonderungsrechts** sowie der **zugrunde liegenden Forderung** beim Insolvenzgericht (siehe im Einzelnen § 113a Abs 1 IO). Ein entsprechender Hinweis findet sich **Insolvenzedikt** (§ 74 Abs 2 Z 5a IO).

bb) **Exekutiv begründete Absonderungsrechte,** die vor Eröffnung des Insolvenzverfahrens an den **Bezügen des Schuldners** (Arbeitseinkommen, Anspruch auf Pensionszahlung etc) begründet wurden, **erlöschen** mit Ablauf des Kalendermonats, in dem das Insolvenzverfahren eröffnet wurde bzw, wenn die Eröffnung des Insolvenzverfahrens nach dem 15. Tag des Monats erfolgt, mit Ablauf des darauf folgenden Kalendermonats (§ 12a Abs 3 IO).

> **Beispiele:** Vor Eröffnung des Insolvenzverfahrens wird das Arbeitseinkommen des Schuldners gepfändet. Am 2. 3. 2015 wird das Insolvenzverfahren eröffnet; das exekutive Pfandrecht erlischt mit Ende März 2015.
> Bei Insolvenzeröffnung am 16. 3. 2015 erlischt das exekutive Pfandrecht erst mit Ende April 2015.

Wenn die **Sanierung des Schuldners** nicht zustande kommt oder nachträglich scheitert, leben auch hier die Sicherheiten wieder auf (siehe oben).

d) **§ 12b IO (Eigenkapitalersatz):** Aus- und Absonderungsrechte, die aus dem Vermögen der späteren Schuldnerin (Gesellschaft) für eine dieser gewährte **Eigenkapital ersetzende Leistung** (vertraglich oder exekutiv) erworben wurden, erlöschen mit Eröffnung des Insolvenzverfahrens ex lege. Sie leben jedoch im Fall der Aufhebung des Insolvenzverfahrens gem § 123a IO wieder auf.

Beispiel: Ein Gesellschafter einer GmbH, der an dieser iSd § 5 EKEG kontrollierend beteiligt ist, gewährt der GmbH in der Krise ein Eigenkapital ersetzendes Darlehen; zur Besicherung lässt er sich eine Hypothek an der Betriebsliegenschaft der GmbH bestellen. Diese Sicherheit erlischt mit Eröffnung des Insolvenzverfahrens über das Vermögen der Gesellschaft.

Gleiches gilt, wenn für eine der Gesellschaft früher gewährte Leistung nachträglich ein Sicherungsrecht zu einem Zeitpunkt begründet wird, in dem die an die Gesellschaft erbrachte Leistung als Eigenkapital ersetzend zu qualifizieren gewesen wäre.

e) Zwangsverwaltung: Die Zwangsverwaltung eines Unternehmens, einer Liegenschaft etc **erlischt** mit Ablauf des Monats, in den die Insolvenzeröffnung fällt, bzw bei Eröffnung des Insolvenzverfahrens nach dem 15. des Monats mit Ablauf des darauf folgenden Kalendermonats (§ 12d IO).

f) Zur sechsmonatigen **„Zwangsstundung"** von (Aus- und) Absonderungsrechten an **Produktionsmitteln**, die für die Fortführung des Unternehmens benötigt werden, siehe S 40.

g) Unter bestimmten Voraussetzungen kann der Insolvenzverwalter vertraglich oder exekutiv begründete **Absonderungsrechte** nach den Bestimmungen der §§ 27 ff IO **anfechten** (vgl dazu S 65 ff).

4. Geltendmachung der Absonderungsrechte

Abgesehen von den Fällen, in denen der Bestand bzw die Geltendmachung des Absonderungsrechts insolvenzrechtlichen Beschränkungen unterliegt (siehe oben Pkt 3), kann der Absonderungsberechtigte sein Recht **auch während des Insolvenzverfahrens durchsetzen**. Absonderungsansprüche unterliegen weder der Prozess- noch der Exekutionssperre.

Der Verwertungserlös bildet eine **Sondermasse**. Aus dieser sind primär die Kosten für die Verwaltung und Verwertung der Sache abzudecken (Sondermassekosten iSd § 49 Abs 1 IO), danach die Absonderungsrechte entsprechend ihrem **sachenrechtlichen Rang** (§ 49 Abs 2 IO verweist für die **Rangordnung** auf die einschlägigen Normen der EO). Zur den Beschränkungen für Zinsen, die nach Insolvenzeröffnung anfallen, siehe § 48 Abs 1 Satz 2 IO und dazu S 42. Soweit ihre gesicherten Forderungen reichen, schließen die Absonderungsberechtigten die Insolvenzgläubiger aus.

5. Doppelstellung der Absonderungsgläubiger

Wenn ein **Absonderungsgläubiger** zugleich einen persönlichen Anspruch gegen den Schuldner hat, kommt ihm eine **Doppelstellung** zu: Er ist einerseits **Absonderungsberechtigter**, andererseits **Insolvenzgläubiger**. Als solcher kann er vorerst mit seiner **gesamten Forderung** am Insolvenzverfahren teilnehmen (§ 48 Abs 3 IO). Schlussendlich soll er jedoch nicht mehr bekommen als das auf ihn entfallende Realisat aus dem Absonderungsrecht zuzüglich der Insolvenzquote für den **Ausfall** (vgl § 132 Abs 1, 2 und 4 IO).

> **Beispiel:** Ein Insolvenzgläubiger hat eine pfandrechtlich gesicherte Forderung in Höhe von 100.000 Euro. Aus dem Erlös der Pfandsache können 80.000 Euro abgedeckt werden. Die restlichen 20.000 Euro werden als Insolvenzforderung (daher quotenmäßig) bedient. Bei der Berechnung des Ausfalls werden die Zinsen und Kosten, die nach Eröffnung des Insolvenzverfahrens anfallen, nicht berücksichtigt (siehe oben S 42).

Erfolgen **Verteilungen im Insolvenzverfahren**, bevor der Erlös aus der Pfandsache verteilt ist, so ist die Quote vorerst **auf Basis der gesamten Insolvenzforderung** zu berechnen. Wenn sich bei der anschließenden Verteilung der Sondermasse herausstellt, dass der Absonderungsberechtigte aus der Verteilung im Insolvenzverfahren mehr erhalten hat als die ihm für seinen Ausfall zustehende Quote, ist der Mehrbetrag direkt aus der Sondermasse an die Insolvenzmasse abzuführen (§ 132 Abs 1 und 2 IO).

> **Beispiel:** Die T-Bank hat gegen den Schuldner eine Forderung von 200.000 Euro. Zur Besicherung dieser Forderung wurde vor der Insolvenzeröffnung eine Hypothek an der Betriebsliegenschaft einverleibt. Die Bank erhält als Insolvenzgläubigerin aus einer Verteilung 10 Prozent ihrer Forderung (somit 20.000 Euro). Aus der nachträglichen Verwertung der Betriebsliegenschaft entfällt auf die Hypothek der T-Bank ein Betrag von 150.000 Euro. Damit steht ihr Ausfall mit 50.000 Euro fest; auf dieser Basis ist die Insolvenzquote zu berechnen. Die T-Bank hätte daher aus der Insolvenzmasse nur 10 Prozent von 50.000 Euro erhalten dürfen; bekommen hat sie jedoch 20.000 Euro. Der Mehrbetrag von 15.000 Euro ist daher direkt aus der Sondermasse, und zwar aus dem an sich auf die T-Bank entfallenden Teil des Verkaufserlöses, an die Insolvenzmasse abzuführen. Die T-Bank erhält daher aus der Sondermasse nur 135.000 Euro, die restlichen 15.000 Euro fließen in die Insolvenzmasse.

N. Masseforderungen

Masseforderungen sind **Ansprüche gegen die Insolvenzmasse**, die aus dieser vorweg, dh **vor den Insolvenzgläubigern**, zu befriedigen sind (§ 47 Abs 1 IO). Die Rechtfertigung dafür liegt insb in der Erwägung, dass Leistungen, die **nach Eröffnung des Insolvenzverfahrens** in Anspruch genommen werden, auch **zur Gänze** bezahlt werden müssen. Andernfalls wäre niemand bereit, für eine Insolvenzmasse Leistungen zu erbringen.

Verbindlichkeiten, die im Zuge der **Unternehmensfortführung** neu begründet werden, sind daher Masseforderungen und als solche zur Gänze abzudecken, ebenso die **Steuern, SV-Beiträge und sonstigen öffentlichen Abgaben**, die sich auf Zeiträume nach der Insolvenzeröffnung beziehen. Gleiches gilt für die mit der **Verwaltung und Bewirtschaftung der Insolvenzmasse** verbundenen **Kosten** sowie die sonstigen Kosten des Insolvenzverfahrens. Im Einzelnen:

I. Kreis der Masseforderungen

Die **Masseforderungen** sind in § 46 IO **taxativ** aufgezählt. Eine Erweiterung per Analogie ist nach hM ausgeschlossen. Fast durchwegs handelt es sich um Ansprüche, die **nach Eröffnung des Insolvenzverfahrens begründet** werden. Die wichtigsten Masseforderungen sind (§ 46 Abs 1 IO):

- die **Kosten des Insolvenzverfahrens** (Entlohnung des Insolvenzverwalters, Pauschalgebühr nach GGG);

- die Auslagen, die mit der **Erhaltung, Verwaltung und Bewirtschaftung der Masse** verbunden sind;

- alle die Masse treffenden **Steuern, Gebühren, Zölle, SV-Beiträge** und anderen **öffentlichen Abgaben**, wenn und soweit der **die Abgabepflicht auslösende Sachverhalt** nach der Eröffnung des Insolvenzverfahrens verwirklicht wird;

- Ansprüche der **Arbeitnehmer** (arbeitnehmerähnlichen Personen) auf **laufendes Entgelt** für Zeiträume nach Eröffnung des Insolvenzverfahrens;

- Ansprüche aus der **Beendigung des Beschäftigungsverhältnisses**, wenn dieses während des Insolvenzverfahrens vom Insolvenzverwalter neu eingegangen wurde oder – in bestimmten Fällen – wenn ein vor Insolvenzeröffnung eingegangenes Beschäftigungsverhältnis während des Insolvenzverfahrens, aber nicht nach § 25 IO, aufgelöst wird (Einzelheiten in § 46 Abs 1 Z 3a IO);

- wenn das nach Insolvenzeröffnung anfallende Entgelt, insb **wegen Masseunzulänglichkeit**, nicht mehr bezahlt wird, erwächst dem Arbeitnehmer ein **Austrittsrecht**; die Beendigungsansprüche sind auch in diesem Fall **Masseforderungen** (§ 46 Abs 1 Z 3a, letzter HS IO); anderes gilt jedoch, wenn die Kündigung nach § 25 IO ausgesprochen wurde und der Arbeitnehmer während der Kündigungsfrist seinen Austritt wegen Nichtzahlung des Entgelts erklärt (Insolvenzforderung: § 51 Abs 2 Z 2 lit a IO);

- Ansprüche auf **Erfüllung zweiseitiger Verträge**, in die der Insolvenzverwalter eingetreten ist;

- Ansprüche aus **Rechtshandlungen des Insolvenzverwalters**;

- Ansprüche aus grundloser **Bereicherung der Insolvenzmasse**;

- die Belohnung der **bevorrechteten Gläubigerschutzverbände** (zu deren Bemessung siehe § 87a IO).

Masseforderungen sind grundsätzlich ohne Rücksicht auf den Stand des Verfahrens **zur Gänze aus der Insolvenzmasse zu bezahlen**, sobald sie feststehen und **fällig** sind (§ 124 Abs 1 IO). Der Insolvenzverwalter hat dafür zu sorgen, dass die erforderlichen Mittel rechtzeitig zur Verfügung stehen (§ 124 Abs 2 IO). Zur Rechtsdurchsetzung siehe gleich unten Pkt III (S 47).

II. Masseinsuffizienz

Von einer **Masseunzulänglichkeit (Masseinsuffizienz; „Insolvenz in der Insolvenz")** spricht man, wenn die Insolvenzmasse nicht ausreicht, um alle Masseforderungen zu erfüllen. In einer solchen (Ausnahme-) Situation bedarf es besonderer Regelungen (§ 124a IO):

a) Wenn die Masseunzulänglichkeit feststeht, hat der Insolvenzverwalter dies **dem Insolvenzgericht unverzüglich anzuzeigen**. Das Gericht hat die Insuffizienz **öffentlich bekannt zu machen** (Insolvenzdatei).

b) Der Insolvenzverwalter hat die **Verwertung so rasch wie möglich abzuschließen**. Er darf ab Eintritt der Masseunzulänglichkeit nur noch Rechtshandlungen vornehmen, die für die Verwaltung und Verwertung geboten sind; die daraus resultierenden Ansprüche (**„Neu-Masseforderungen"**) hat er **unverzüglich zu befriedigen** (§ 124a Abs 1 IO). Für sie gilt die Rangordnung des § 47 Abs 2 IO nicht (andernfalls hätte der Insolvenzverwalter keine Möglichkeit mehr, in diesem Stadium Leistungen von Dritten zu erlangen). Auch sonstige unbedingt erforderliche Zahlungen dürfen noch erfolgen.

> **Beispiel:** Trotz festgestellter Masseunzulänglichkeit darf der Insolvenzverwalter offene Versicherungsprämien bezahlen, um die sonst drohende Leistungsfreiheit des Versicherers abzuwenden (sofern der Versicherungsschutz unerlässlich ist).

c) Abgesehen von diesen Ausnahmefällen hat der Insolvenzverwalter mit der **Befriedigung der Massegläubiger innezuhalten** (§ 124a Abs 1 IO), um die im Fall der Masseinsuffizienz geltende **Rangordnung der Masseforderungen** (§ 47 Abs 2 IO) zu wahren. Auch der Erwerb von **richterlichen Pfand- und Befriedigungsrechten** ist den Massegläubigern – mit Ausnahme der „Neu-Masseforderungen" iSd § 124 Abs 1 Satz 3 IO – ab der öffentlichen Bekanntmachung der Masseunzulänglichkeit verwehrt (§ 124a Abs 2 IO). Die IO errichtet somit zulasten der „gewöhnlichen" Massegläubiger eine **Zahlungs- und Vollstreckungssperre**, um die **Rangordnung** (§ 47 Abs 2 IO) bzw die innerhalb gleicher Gruppen gebotene **Gleichbehandlung** abzusichern.

d) Bei der **Befriedigung der Masseforderungen** ist bei Masseinsuffizienz die **Rangordnung des § 47 Abs 2 IO** einzuhalten. Diese Bestimmung teilt die Masseforderungen in **sechs Gruppen** ein, die nacheinander zu befriedigen sind; Ansprüche innerhalb der gleichen Gruppe sind verhältnismäßig zu bedienen (näher dazu § 47 Abs 2 IO). Der Insolvenzverwalter hat einen an den Grundsätzen des § 47 Abs 2 IO ausgerichteten **Verteilungsentwurf** vorzulegen. Für dessen Bekanntmachung, Genehmigung und die Erhebung von Erinnerungen gelten die Bestimmungen über die Schlussverteilung. Bereits geleistete Zahlungen kann der Insolvenzverwalter nicht wegen eingetretener Masseunzulänglichkeit zurückfordern.

e) **Haftung:** Wenn der Insolvenzverwalter **die Mitteilung** an das Insolvenzgericht schuldhaft **zu spät erstattet** und im Stadium der Masseunzulänglichkeit noch einzelne Massegläubiger zur Gänze befriedigt, haftet er den verkürzten Massegläubigern für den entstandenen Schaden (idR Quotenschaden).

f) **Nachträgliche Beseitigung (§ 124a Abs 4 IO):** Wenn die Masseinsuffizienz aufgrund geänderter Umstände nachträglich beseitigt wird (zB durch Zahlungseingänge oder infolge Wegfalls von Masseforderungen), hat der Insolvenzverwalter dies **dem Gericht unverzüglich anzuzeigen;** der Wiedereintritt der Massezulänglichkeit ist **öffentlich bekannt zu machen.** Ab dieser Bekanntmachung hat der Insolvenzverwalter wieder nach § 124 Abs 1 IO vorzugehen, somit alle feststehenden und fälligen Masseforderungen zu befriedigen. Die aus der Masseinsuffizienz abgeleiteten Beschränkungen fallen weg.

III. Geltendmachung der Masseforderungen

Masseforderungen müssen **nicht** im Insolvenzverfahren **angemeldet** werden. Sie nehmen daher auch nicht am Prüfungsverfahren teil. Wenn der Insolvenzverwalter die **Befriedigung einer fälligen Masseforderung verweigert,** kann der Gläubiger seine Ansprüche gerichtlich geltend machen. Dazu stehen ihm alternativ zwei Wege offen (§ 124 Abs 3 IO):

- **Abhilfeantrag beim Insolvenzgericht:** Dieses prüft Bestand und Höhe der Masseforderung und trägt dem Insolvenzverwalter die Zahlung auf, sofern die Forderung zu Recht besteht. Sind Tatfragen strittig, wird der Gläubiger auf den **streitigen Rechtsweg** verwiesen. In den Fällen der Masseinsuffizienz ist ein Abhilfeantrag abzuweisen.

- **Klage:** Die Massegläubiger können ihre Ansprüche auch mit **Klage gegen den Insolvenzverwalter** geltend machen und ein stattgebendes Leistungsurteil in die Masse vollstrecken. Eine allfällige Unzulänglichkeit der Masse ist im Titelprozess nicht zu prüfen. Die **Masseunzulänglichkeit** schlägt erst **im Stadium des Exekutionsverfahrens** durch (Vollstreckungssperre nach § 124a Abs 2 IO); dort ist sie **von Amts wegen** wahrzunehmen (notorische Tatsache aufgrund öffentlicher Bekanntmachung).

O. Insolvenzforderungen
I. Begriff

Insolvenzforderungen sind **vermögensrechtliche Ansprüche** an den Schuldner, die dem Gläubiger zur Zeit **der Eröffnung des Insolvenzverfahrens** zustehen (§ 51 Abs 1 IO).

Zu den Insolvenzforderungen zählen ausnahmsweise auch **gesetzliche Unterhaltsansprüche** für Zeiträume nach der Insolvenzeröffnung, aber nur, wenn der Schuldner als **Erbe des Unterhaltspflichtigen** haftet (§ 51 Abs 2 Z 1 IO).

> Abgesehen von diesem Sonderfall haben **gesetzliche Unterhaltsansprüche** für Zeiträume nach der Insolvenzeröffnung eine Sonderstellung: Sie sind **weder Insolvenz- noch Masseforderungen,** nehmen somit am Insolvenzverfahren nicht teil und können dort auch **nicht angemeldet** werden. Der Schuldner hat die nach Eröffnung des Insolvenzverfahrens fällig werdenden gesetzlichen Unterhaltsansprüche **zur Gänze** (aus seinem unpfändbaren Einkommen) zu erfüllen.

Dagegen sind **Unterhaltsrückstände** aus der Zeit **vor Eröffnung des Insolvenzverfahrens** unabhängig von ihrem Rechtsgrund stets Insolvenzforderungen.

In manchen Fällen (§ 51 Abs 2 Z 2 lit a–c IO) sind auch Ansprüche der Arbeitnehmer aus der **Beendigung des Beschäftigungsverhältnisses** Insolvenzforderungen. So insb, wenn die Auflösung bereits vor Eröffnung des Insolvenzverfahrens wirksam erklärt wurde oder wenn das Arbeitsverhältnis (nach Insolvenzeröffnung) **gem § 25 IO aufgelöst** wird (bei einer Beendigung nach § 25 IO auch dann, wenn das Arbeitsverhältnis während der Kündigungsfrist wegen Nichtzahlung des Entgelts beendet wird); einen weiteren Fall regelt § 51 Abs 2 Z 2 lit c IO.

> **Beispiel:** Ein Arbeitnehmer wird vom Insolvenzverwalter nach § 25 IO gekündigt. Seine Ansprüche aus der Beendigung des Arbeitsverhältnisses sind Insolvenzforderungen (zB: Anspruch auf Abfertigung alt, auf Urlaubsersatzleistung etc). Das gilt auch dann, wenn er während der laufenden Kündigungsfrist den Austritt wegen Nichtzahlung des Entgelts erklärt.
>
> Dagegen ist das laufende Entgelt für die Zeit zwischen Insolvenzeröffnung und Wirksamwerden der Kündigung auch bei Auflösung nach § 25 IO Masseforderung.

II. Fälligkeit und Inhalt der Insolvenzforderungen

Betagte Forderungen gelten im Insolvenzverfahren als **fällig**. Soweit es sich um unverzinsliche betagte Forderungen handelt, sind Zwischenzinsen abzuziehen (§ 14 Abs 2 und 3 IO).

> **Beispiel:** Die Forderung auf Rückzahlung eines Darlehens, das vereinbarungsgemäß erst in 10 Jahren fällig wäre, gilt mit Eröffnung des Insolvenzverfahrens als fällig.

Nicht auf Geld gerichtete Forderungen sowie Ansprüche, die in **ausländischer Währung** festgesetzt sind, werden mit der Eröffnung des Insolvenzverfahrens zu **Geldforderungen in inländischer Währung**. Maßgebend ist der Schätzwert zur Zeit der Insolvenzeröffnung (§ 14 Abs 1 IO). **Forderungen in fremder Währung** werden zum Wechselkurs, der zum Zeitpunkt der Insolvenzeröffnung maßgeblich ist, umgerechnet (somit per null Uhr des auf die öffentliche Bekanntmachung folgenden Tages).

Forderungen auf **wiederkehrende Leistungen**, deren **Dauer bestimmt** ist, werden unter Abzug der Zwischenzinsen zusammengerechnet. Bei unbestimmter Dauer ist der **Schätzwert zum Stichtag der Insolvenzeröffnung** maßgebend (§ 15 IO).

> **Beispiel:** Die Forderung auf Zahlung einer monatlichen Leibrente (bis zum Lebensende des Berechtigten) gilt mit Eröffnung des Insolvenzverfahrens als zur Gänze fällig. Der Wert einer solchen Forderung ist unter Berücksichtigung der (individuellen) Lebenserwartung des Gläubigers sowie der sonstigen wirtschaftlichen Umstände (allfällige Wertsicherung etc) auf den Tag der Insolvenzeröffnung zu ermitteln. Dazu bedarf es, sofern keine Einigung erzielt werden kann, des Zusammenwirkens zweier Sachverständiger (Mediziner und Versicherungsmathematiker).

Zinsstopp: Bei **verzinslichen Insolvenzforderungen** hört der Zinsenlauf mit dem Tag der Insolvenzeröffnung auf. Die bis zu diesem Tag entstandenen **Zinsen und sonstigen Nebengebühren** (auch allfällige Verfahrenskosten) stehen mit der Forderung **im gleichen Rang** (§ 54 IO). Ist daher die Hauptforderung als Insolvenzforderung zu qualifizieren, gilt dies auch für die Zinsen (und sonstigen Nebengebühren), die bis zur Eröffnung des Insolvenzverfahrens angefallen sind. Die **nach Insolvenzeröffnung auflaufenden Zinsen** für Insolvenzforderungen können im Insolvenzverfahren nicht geltend gemacht werden (ausgeschlossener Anspruch nach § 58 Z 1 IO).

> **Hinweis:** Zur Behandlung von Zinsforderungen, die durch **Absonderungsrecht** gesichert sind, siehe § 48 Abs 1, § 132 Abs 6 IO und dazu S 42.

III. Die „klassenlose" Insolvenz und ihre Durchbrechungen (nachrangige Forderungen)

Als **Grundsatz** hält § 50 IO fest: Alle **Insolvenzgläubiger** werden (nach Abdeckung der Masseforderungen und der Absonderungsansprüche) aus der „gemeinschaftlichen Insolvenzmasse" **gleichmäßig (nach dem Verhältnis ihrer Beträge)** befriedigt. Die Klassenvorrechte bestimmter Gläubigergruppen hat das IRÄG 1982 beseitigt. Die jüngere Rechtsentwicklung hat jedoch neue **Ausnahmen von der Gleichbehandlung** geschaffen:

1. Den Insolvenzforderungen **„nachrangig"** sind Forderungen aus einer **Eigenkapital ersetzenden Leistung**; sie kommen erst **nach Abdeckung der Insolvenzforderungen** zum Zug (§ 57a Abs 1 IO).

Von **Eigenkapitalersatz** spricht man, wenn **ein Gesellschafter** der Gesellschaft **in der Krise** einen **Kredit** gewährt hat (zum Begriff der Krise siehe § 2 EKEG). Gesellschafter iSd EKEG sind **Kapitalgesellschaften** (zB GmbH, AG), **Genossenschaften mbH** und **Personengesellschaften**, bei denen **kein unbeschränkt haftender Gesellschafter** eine **natürliche Person** ist, insb die GmbH & Co KG (§ 4 EKEG). Erfasst werden nur Gesellschafter, die an der Gesellschaft kontrollierend oder mit zumindest 25 Prozent beteiligt sind; darüber hinaus auch Dritte, die, ohne beteiligt zu sein, einen **beherrschenden Einfluss** ausüben (näher dazu § 5 EKEG).

2. Eine **Rangordnung für Insolvenzforderungen** ist weiters in § 94 VAG vorgesehen.

IV. Die Geltendmachung der Insolvenzforderungen und nachrangiger Forderungen

Ab **Eröffnung des Insolvenzverfahrens** ist die **Klags- und Exekutionsführung** einzelner Insolvenzgläubiger nicht mehr statthaft. Anhängige Prozesse werden **unterbrochen** (§ 7 IO), die Erhebung neuer Klagen ist (vorerst) unzulässig.

1. Anmeldung

Die **Insolvenzgläubiger** haben ihre Forderungen beim Insolvenzgericht **schriftlich oder mündlich zu Protokoll anzumelden** (§ 104 Abs 1 IO). Dies gilt auch für Forderungen, für die bereits ein Exekutionstitel besteht oder ein Rechtsstreit anhängig ist (vgl § 102 IO). Die mündliche Anmeldung kommt in der Praxis nur selten vor.

Im **Insolvenzedikt** wird eine **Anmeldungsfrist** festgesetzt (§ 74 Abs 2 Z 5 IO). Dabei handelt es sich nicht um eine **Präklusivfrist**, so dass auch **verspätete Anmeldungen zulässig** sind (vgl § 107 Abs 1 IO). Die Verspätung kann freilich **Kostenfolgen** nach sich ziehen: Wenn eine **besondere Prüfungstagsatzung erforderlich** wird, hat jeder Gläubiger, der seine Forderung nach Ablauf der Frist angemeldet hat, dem Insolvenzverwalter für seine Mehrkosten den **Pauschalbetrag von 50 Euro** zzgl Umsatzsteuer zu **ersetzen** (Ausnahme: eine frühere Anmeldung war im Einzelfall nicht möglich – § 107 Abs 2 IO).

Forderungen aus **Eigenkapital ersetzenden Leistungen** sind zwar keine Insolvenzforderungen ieS, sie sind aber **„wie Insolvenzforderungen"** durchzusetzen. Auch sie sind von der Prozess- und Exekutionssperre betroffen. Anzumelden sind sie nur, wenn das Insolvenzgericht **zur Anmeldung** solcher Forderungen **besonders auffordert**. Eine solche Aufforderung ergeht nur, wenn zu erwarten ist, dass es zu einer (wenn auch nur teilweisen) Befriedigung nachrangiger Forderungen kommen wird; sie wird **öffentlich bekannt gemacht** und den betroffenen Gläubigern zugestellt. Sofern eine Anmeldung erfolgt, gelten die §§ 14 ff IO. In der Anmeldung ist auf den Nachrang hinzuweisen (§ 57a Abs 2 IO). Die §§ 102 ff IO über das Prüfungsverfahren gelten sinngemäß.

2. Anmeldungsverzeichnis

Der Insolvenzverwalter hat die angemeldeten Forderungen in ein **Anmeldungsverzeichnis** (AVZ) einzutragen und dieses dem Insolvenzgericht vorzulegen (§ 104 Abs 6 IO).

3. Prüfungstagsatzung

Bestand und Höhe der angemeldeten Forderungen sind in der **Prüfungstagsatzung** zu prüfen. Insolvenzverwalter und Schuldner müssen zu dieser Tagsatzung erscheinen (§ 105 Abs 1 IO). Das Ergebnis (Anerkenntnis, Bestreitungen) ist in das **Anmeldungsverzeichnis** einzutragen. Im Einzelnen:

a) Der **Insolvenzverwalter** hat zu jeder Forderung eine Erklärung über ihre Richtigkeit und Rangordnung abzugeben (§ 105 Abs 3 IO). Vorbehalte sind unzulässig. Er muss somit die Forderungen entweder anerkennen oder bestreiten.

b) **Insolvenzgläubiger**, deren Forderung festgestellt oder deren Stimmrecht anerkannt wird, können die Forderungen anderer Gläubiger bestreiten (§ 105 Abs 5 IO).

> Wird eine Forderung vom Insolvenzverwalter anerkannt und von keinem bestreitungsberechtigten Gläubiger bestritten, gilt sie **im Insolvenzverfahren als festgestellt** (§ 109 Abs 1 IO). Wenn überdies auch der Schuldner die Forderung nicht ausdrücklich bestreitet, entsteht ein **Exekutionstitel** gem § 61 IO (§ 1 Z 7 EO).

c) Auch der **Schuldner** kann angemeldete Forderungen bestreiten (§ 105 Abs 4 IO). Seine Bestreitung ist im AVZ anzumerken, hat jedoch im Insolvenzverfahren selbst **keine rechtlichen Auswirkungen** (§ 109 Abs 2 IO): Wenn der Insolvenzverwalter die Forderung anerkennt und diese von keinem berechtigten Gläubiger bestritten wird, gilt sie – ungeachtet der **Bestreitung durch den Schuldner** – im Insolvenzverfahren als festgestellt. Der Schuldner verhindert jedoch mit seiner Bestreitung, dass ein Exekutionstitel gem § 61 IO entsteht.

> **Beispiel:** Gläubiger G meldet eine Werklohnforderung an, die vom Schuldner bestritten wird. Der Insolvenzverwalter anerkennt die Forderung, weil ihm ein Prüfungsprozess zu riskant erscheint. Auch die anderen Gläubiger bestreiten den Anspruch nicht. Damit ist die Forderung im Insolvenzverfahren festgestellt und partizipiert an den Verteilungen. Ein Exekutionstitel gegen den Schuldner gem § 61 IO entsteht jedoch nicht.

Besonderes gilt im **Schuldenregulierungsverfahren**, sofern dem Schuldner die **Eigenverwaltung** belassen (somit kein Insolvenzverwalter bestellt) wird: Hier haben die **Erklärungen des Schuldners** jenes Gewicht, das ansonsten **dem Insolvenzverwalter** zukommt (die Bestreitung des Schuldners verhindert somit in diesen Fällen, dass die betroffene Forderung im Insolvenzverfahren als festgestellt gilt; vgl § 188 Abs 2 IO).

Im **Sanierungsverfahren mit Eigenverwaltung** steht die Forderungsprüfung nach §§ 102 ff IO dem **Sanierungsverwalter** zu (§ 172 Abs 1 Z 2 IO); dieser hat daher die gleichen Kompetenzen wie auch sonst der Insolvenzverwalter (dazu gehört auch die Führung von Prüfungsprozessen).

4. Behandlung bestrittener Forderungen

a) **Untitulierte Forderungen:** Insolvenzgläubiger, deren Forderungen vom Insolvenzverwalter (bei Eigenverwaltung im Schuldenregulierungsverfahren: vom Schuldner) oder von einem anderen Gläubiger **bestritten** worden sind, können deren **Feststellung im Klagsweg** (mit Prüfungsklage) begehren. Diese Klage ist **gegen alle Bestreitenden** zu richten (**Prüfungsprozess:** § 110 Abs 1 IO). Ausschließlich zuständig ist das Insolvenzgericht (§ 111 Abs 1 IO).

> **Ausnahme:** Für Arbeitsrechtssachen nach § 50 ASGG bleibt das Arbeits- und Sozialgericht zuständig.

Das Insolvenzgericht hat dem Gläubiger eine mindestens einmonatige **Frist für die Erhebung der Prüfungsklage** zu setzen (§ 110 Abs 4 IO). Diese Frist hat **keine Präklusionskraft**. Die Klage kann daher auch noch später eingebracht werden. Aus der Verspätung können dem Gläubiger freilich materielle Einbußen entstehen, wenn mittlerweile Verteilungen stattgefunden haben (§ 131 Abs 3, § 134 Abs 2 IO); siehe weiters § 123b Abs 2 IO.

War **bei Eröffnung des Insolvenzverfahrens** bereits **ein Rechtsstreit** über eine Insolvenzforderung **anhängig**, bleibt dieser bis zum Abschluss der Prüfungstagsatzung **unterbrochen** (§ 7 Abs 3 IO). Im Fall einer Bestreitung kann der Rechtsstreit (idR auf Antrag des Gläubigers) **als Prüfungsprozess fortgeführt** werden (§ 113 IO).

b) **Titulierte Forderungen:** Abweichendes gilt für **Insolvenzforderungen**, die bereits **vollstreckbar** wären. Hier fällt die **Klägerrolle** nicht dem Gläubiger, sondern dem Bestreitenden zu. Dieser muss seinen **Widerspruch** gegen die angemeldete Forderung mit Klage geltend machen (§ 110 Abs 2 IO). Erhebt er die Klage nicht innerhalb der ihm gesetzten Frist, gilt die Forderung nicht mehr als bestritten (§ 131 Abs 4 IO). Nach Ablauf der Frist kann die Klage nicht mehr erhoben werden (**Präklusivfrist**).

> **Beispiel:** Im Insolvenzverfahren haben die Gläubiger A, B und C Forderungen angemeldet. A hat für seine Forderung bereits ein vollstreckbares Urteil, während B noch keinen Titel hat. C hat seine Ansprüche bereits vor Eröffnung des Insolvenzverfahrens eingeklagt, der Prozess ist unterbrochen. Der Insolvenzverwalter bestreitet alle drei Forderungen. Das Gericht setzt für die Geltendmachung bzw den Widerspruch eine Frist von einem Monat. A kann abwarten, ob er vom Insolvenzverwalter geklagt wird (bei Fristversäumnis ist die Klage präkludiert), B muss seinerseits den Insolvenzverwalter auf Feststellung klagen, C kann einen Antrag auf Fortsetzung des behängenden Prozesses stellen.

Gegenstand des Prüfungsprozesses ist der Anspruch des Gläubigers auf **Teilnahme am Insolvenzverfahren** (dessen wichtigster Ausfluss ist die **Partizipation an Verteilungen**). Solange der Prozess nicht rechtskräftig entschieden ist, werden auf strittige Forderungen entfallende Beträge gerichtlich erlegt (§ 131 Abs 1 IO).

P. Ausgeschlossene Forderungen

Bestimmten Forderungen wird der **Teilnahmeanspruch am Insolvenzverfahren ex lege versagt**. Gläubiger solcher Forderungen sind weder legitimiert, einen Antrag auf Eröffnung des Insolvenzverfahrens zu stellen, noch nehmen sie an einem solchen Verfahren teil. Insb ist **die Anmeldung dieser Ansprüche nicht vorgesehen**. Zu den „ausgeschlossenen Forderungen" gehören (§ 58 IO):

- die ab Eröffnung des Insolvenzverfahrens laufenden **Zinsen** von Insolvenzforderungen;
- **Kosten der Gläubiger** aus der Teilnahme am Insolvenzverfahren;
- **Geldstrafen** wegen strafbarer Handlungen (dazu zählen sowohl gerichtliche als auch Verwaltungsstrafen);
- Ansprüche aus **Schenkungen** (im Verlassenschaftsinsolvenzverfahren auch aus Vermächtnissen).

Diese Ansprüche bestehen materiell-rechtlich **gegen den Schuldner** weiter. Sie können auch nach der Insolvenzeröffnung gegen diesen persönlich geltend gemacht und in das insolvenzfreie Vermögen vollstreckt werden. Wenn ein **Sanierungsplan** oder **Zahlungsplan** zustande kommt oder die **Restschuldbefreiung** erteilt wird, umfasst der Schulderlass auch die nach Eröffnung des Insolvenzverfahrens aufgelaufenen Zinsen und die Kosten aus der Teilnahme am Insolvenzverfahren (§ 156 Abs 5, § 214 Abs 1 IO).

Q. Wirkungen der Insolvenzeröffnung auf rechtsgeschäftliche Beziehungen

I. Erfüllung von zweiseitigen Rechtsgeschäften

Hat ein Vertragspartner **seine Leistung bereits vor Eröffnung des Insolvenzverfahrens erbracht**, die Gegenleistung vom Schuldner aber noch nicht erhalten, ist er nur Insolvenzgläubiger. Er muss sich mit einer Quote begnügen, obwohl er die ihn treffende Verpflichtung voll erfüllt hat. Dies ist das **Risiko des Vorleistenden** (es sei denn, er hat insolvenzfeste Sicherungsrechte). Hat umgekehrt der Schuldner seine Leistung bei Eröffnung des Insolvenzverfahrens bereits voll erbracht, muss der andere Teil die Gegenleistung an die Insolvenzmasse erbringen.

a) Besonderes gilt, wenn **beide Seiten** einen **zweiseitigen Vertrag noch nicht** (oder nicht vollständig) **erfüllt** haben. Hier wäre es unbillig, vom anderen Teil die volle Leistung zu verlangen, ihn aber für seinen Anspruch mit der Insolvenzquote abzuspeisen. § 21 IO räumt dem Insolvenzverwalter ein **Wahlrecht** ein: Er kann am Vertrag festhalten, muss dann aber auch seinerseits **voll erfüllen** oder **vom Vertrag zurücktreten**. Tritt er zurück, so entfallen die gegenseitigen Erfüllungsansprüche; der Vertragspartner hat aber unter Umständen einen **Anspruch auf Schadenersatz**, den er als **Insolvenzforderung** geltend machen kann.

b) Die **Ausübung der Wahl** erfolgt **formfrei**. Auf Antrag des anderen Teils hat das Gericht dem Insolvenzverwalter eine **Erklärungsfrist** zu setzen; Nichterklärung gilt als Rücktritt. Da die Wahl häufig untrennbar mit der Frage der **Unternehmensfortführung** zusammenhängt, darf die Erklärungsfrist frühestens drei Tage nach der Berichtstagsatzung enden (§ 21 Abs 2 Satz 1 und 2 IO).

> **Ausnahme:** Eine sehr kurze Frist ist nach § 21 Abs 2 Satz 3 und 4 IO vorgesehen, wenn der Schuldner zu einer **nicht in Geld bestehenden Leistung** verpflichtet ist, mit der er bereits in Verzug ist. In solchen Fällen soll der Vertragspartner (dem seinerseits der Rücktritt wegen § 25a IO idR verwehrt ist) möglichst rasch Klarheit haben, ob der Insolvenzverwalter am Vertrag festhält oder ob er sich nach einem anderen Vertragspartner umsehen muss. Der Insolvenzverwalter muss sich in solchen Fällen **unverzüglich nach Einlangen** eines darauf gerichteten Ersuchens des Vertragspartners, längstens aber **binnen fünf Arbeitstagen**, erklären. Erfolgt in dieser Frist keine Antwort, wird Rücktritt angenommen.

> **Beispiel:** Der Schuldner hat als Subunternehmer Leistungen bei einem Bauvorhaben zu erbringen und ist bereits in Verzug. Nach Eröffnung des Insolvenzverfahrens kann der Auftraggeber (der idR gegenüber seinem Vertragspartner ebenfalls Fristen einzuhalten hat) vom Insolvenzverwalter die (binnen fünf Arbeitstagen abzugebende) Erklärung verlangen, ob der Vertrag erfüllt wird.

Für den **Insolvenzverwalter** ergibt sich bei Wahrung dieser Frist die Schwierigkeit, dass sie nicht mit seinen Verpflichtungen, die sich aus § 116 Abs 1 Z 4 IO ergeben, abgestimmt ist.

Im **Sanierungsverfahren mit Eigenverwaltung** ist der **Schuldner** zur Abgabe der Erklärung nach § 21 IO berufen. Will er zurücktreten, ist die **Zustimmung des Sanierungsverwalters** erforderlich (§ 171 Abs 1 IO).

c) Bei **teilbaren Leistungen**, die der Vertragspartner zum Zeitpunkt der Eröffnung des Insolvenzverfahrens bereits teilweise erbracht hat, wird ein „**Splitting**" durchgeführt: Der Entgeltanspruch für die bereits erbrachte Teilleistung ist Insolvenzforderung; für den beiderseits noch offenen Teil der Leistungen gelten die Regeln über das Wahlrecht.

> **Beispiel:** Vertrag über die Lieferung von 1.000 Barrel Rohöl an den Schuldner. Der Verkäufer hat bei Insolvenzeröffnung bereits 400 Barrel geliefert; der gesamte Kaufpreis ist noch offen. Folge: Der Verkäufer ist hinsichtlich der Kaufpreisforderung für die bereits gelieferten 400 Barrel Insolvenzgläubiger.

Hinsichtlich der restlichen 600 Barrel hat der Insolvenzverwalter das Wahlrecht. Hält er am Vertrag fest, so muss er den Kaufpreis für die 600 Barrel zur Gänze zahlen.

d) Kein Wahlrecht gibt es für **Fixgeschäfte** über Waren mit einem **Markt- oder Börsepreis**, wenn der fest bestimmte Leistungszeitpunkt nach der Eröffnung des Insolvenzverfahrens liegt. Hier benötigt der andere Teil rasch Gewissheit darüber, ob er mit der Erfüllung rechnen kann oder nicht. § 22 IO ordnet daher an, dass in solchen Fällen **nicht Erfüllung**, sondern **nur Schadenersatz wegen Nichterfüllung** (als Insolvenzforderung) verlangt werden kann. Zur Anspruchshöhe siehe § 22 Abs 2 IO.

II. Dauerschuldverhältnisse

1. Bestandverträge (§§ 23, 24 IO)

Bestandverträge werden durch die Eröffnung eines Insolvenzverfahrens **nicht ex lege aufgelöst**. Vielmehr tritt die Insolvenzmasse (vorerst) in die Bestandverträge ein. Dies gilt unabhängig davon, ob der Bestandgeber oder der Bestandnehmer von der Insolvenz betroffen ist. Für das weitere Schicksal solcher Verträge gelten insolvenzrechtliche Besonderheiten, insb jene nach §§ 23, 24 IO. Dies ordnen, je nachdem, ob die Insolvenz auf Seiten des Bestandnehmers oder des Bestandgebers eröffnet wurde, Unterschiedliches an:

a) Insolvenzverfahren des Bestandnehmers

aa) Besonderes Kündigungsrecht des Insolvenzverwalters

Wenn der Schuldner eine Sache in Bestand genommen hat, kann der Insolvenzverwalter den Vertrag unter Einhaltung der **gesetzlichen** oder **vereinbarten kürzeren Kündigungsfrist** aufkündigen (§ 23 IO). Eine **längere vertragliche Frist** ist somit nicht einzuhalten. Auch gesetzliche **Kündigungstermine** sind nach der Rsp unbeachtlich. Dem Bestandgeber stehen allenfalls **Schadenersatzansprüche** zu; diese sind als **Insolvenzforderung** zu qualifizieren. Vertragliche Bestimmungen, welche die Anwendung des § 23 IO ausschließen, sind wirkungslos (§ 25b Abs 1 IO).

> **Beispiel:** Der Schuldner hat ein Geschäftslokal gemietet und zahlt monatlich 5.000 Euro Mietzins. Der Vertrag ist auf zehn Jahre befristet abgeschlossen. Nach Insolvenzeröffnung löst der Insolvenzverwalter das Mietverhältnis unter Einhaltung der gesetzlichen Kündigungsfrist auf. An die vereinbarte längere Vertragsdauer ist er nicht gebunden. Sofern der Vermieter das Objekt während der vereinbarten Restlaufzeit nicht oder nur zu einem niedrigeren Bestandzins vermieten kann, entsteht ihm aus der vorzeitigen Vertragsauflösung ein Anspruch auf Schadenersatz (Insolvenzforderung).

Im **Sanierungsverfahren mit Eigenverwaltung** übt der **Schuldner** das Kündigungsrecht nach § 23 IO aus, bedarf dafür aber der **Zustimmung des Sanierungsverwalters** (§ 171 Abs 1 IO).

Der **laufende Bestandzins** für die Zeit zwischen Insolvenzeröffnung und Wirksamwerden der Kündigung ist voll zu bezahlen (**Masseforderung**). Daher ist es für den Insolvenzverwalter wichtig, die Kündigung so rasch wie möglich auszusprechen, wenn das Bestandobjekt nicht (mehr) benötigt wird.

> **Beachte:** Das besondere Kündigungsrecht nach § 23 IO hilft (nur) dem Insolvenzverwalter in Fällen, in denen er **das Bestandobjekt nicht mehr benötigt** (zB wegen Schließung oder Einschränkung des Unternehmens). Dagegen steht dem **Bestandgeber** kein besonderes Kündigungsrecht nach § 23 IO zu.

Wenn das Bestandobjekt zum Zeitpunkt der Insolvenzeröffnung noch gar nicht **an den Bestandnehmer übergeben** wurde, ist § 23 IO nicht anwendbar (für diese Fälle gilt § 21 IO).

bb) Schutz der Insolvenzmasse vor dem Verlust des Bestandgegenstandes

aaa) Wenn das Bestandobjekt **für die Unternehmensfortführung benötigt** wird, ist dem Bestandgeber in den ersten sechs Monaten die ordentliche Kündigung versperrt. Er könnte **nur aus wichtigem Grund** kündigen, wobei der **Verzug des Schuldners mit Bestandzinsen**, die vor Insolvenzeröffnung fällig geworden sind, nicht als wichtiger Grund gilt. Gleiches gilt für eine Verschlechterung der wirtschaftlichen Verhältnisse des Schuldners (§ 25a Abs 1 IO). Generell unwirksam (somit unabhängig von einer Unternehmensfortführung) wäre auch die **Vereinbarung eines Kündigungsrechts** oder der Vertragsauflösung für den Fall der Insolvenzeröffnung (§ 25b Abs 2 IO).

> **Beispiel:** Das vom Schuldner angemietete Geschäftslokal wird für die Fortführung des Unternehmens benötigt. Der Bestandgeber kann in den ersten sechs Monaten nur aus wichtigem Grund kündigen. Mietzinsrückstände, die vor Insolvenzeröffnung entstanden sind, sind kein wichtiger Grund. Dagegen sind die Bestandzinsen für die Zeit nach der Insolvenzeröffnung Masseforderungen; gerät der Insolvenzverwalter mit deren Zahlung in Verzug, kann der Bestandgeber kündigen.

bbb) **Aufschiebung der Räumungsexekution:** Die **Räumlichkeiten, in denen das Unternehmen betrieben** wird, sind idR für die **Fortführung des Unternehmens** (und für den Erfolg eines Sanierungsplans) unentbehrlich. Für diese Fälle greift – neben § 25a Abs 1 IO – der Schutz nach § 12c IO. Ist wegen rückständiger Bestandzinsen aus der Zeit vor Insolvenzeröffnung eine Räumungsexekution anhängig, ist die Räumung auf Antrag des Insolvenzverwalters **aufzuschieben**. Ein solcher Aufschub gilt so lange, bis das **Unternehmen geschlossen** wird, ein **Sanierungsplan scheitert** oder die Insolvenzforderung des Bestandgebers infolge qualifizierten Verzugs wiederauflebt (§ 156a IO). Tritt einer dieser Fälle ein, so ist die Räumungsexekution **fortzusetzen**. § 12c IO gilt unabhängig davon, ob die Räumungsexekution vor oder nach Insolvenzeröffnung eingeleitet wurde.

Kommt ein **Sanierungsplan** zustande und wird dieser ordnungsgemäß erfüllt, so gilt das Bestandverhältnis als fortgesetzt; die **Räumungsexekution** ist auf Antrag **endgültig einzustellen**. Sofern bis dahin keine Räumungsexekution eingeleitet wurde, genügt nach zutr Auffassung die Erklärung des Schuldners, das Bestandverhältnis iSd § 12c IO fortsetzen zu wollen.

cc) Überlassung von Mietrechten an den Schuldner

Mietrechte (oder sonstige Nutzungsrechte) an **Wohnräumen**, die **für den Schuldner und seine Familie unentbehrlich** sind, hat das Insolvenzgericht dem Schuldner zur freien Verfügung **zu überlassen** (§ 5 Abs 4 IO). Eine rückwirkende Überlassung ist nicht möglich. Mit Wirksamwerden des Beschlusses fällt das Mietverhältnis zur Gänze in die **insolvenzfreie Sphäre**. Der Schuldner hat daher ab diesem Zeitpunkt den Mietzins aus seinem Existenzminimum zu zahlen. Eine Kündigung nach § 23 IO scheidet in diesen Fällen aus.

b) Insolvenzverfahren des Bestandgebers

aa) Wird über das **Vermögen des Bestandgebers** ein Insolvenzverfahren eröffnet, so gilt Folgendes: Der **Insolvenzverwalter tritt in den Bestandvertrag ein**; es besteht weder ein außerordentliches Kündigungsrecht noch ein Wahlrecht nach § 21 IO. Somit bleiben grundsätzlich die allgemeinen Regeln des Bestandrechts maßgebend. Die §§ 25a, 25b IO gelten auch für diese Fälle.

bb) Hat der **Bestandnehmer** vor Insolvenzeröffnung eine **Vorauszahlung des Bestandzinses** geleistet, kann er diese dem Insolvenzverwalter nur für jene Zeit einwenden, bis zu der das Bestandverhältnis bei unverzüglicher Kündigung unter Einhaltung der vereinbarten oder gesetzlichen Kündigungsfrist dauern würde (§ 24 Abs 1 Satz 2 IO).

cc) Wird die **Bestandsache im Insolvenzverfahren veräußert**, sind die §§ 1120, 1121 ABGB anwendbar. Daraus folgt, dass dem **Erwerber** in solchen Fällen die Möglichkeit eröffnet wird, das Bestandverhältnis unter Einhaltung der **gesetzlichen Kündigungsfrist** aufzulösen (dieses Recht steht jedoch nicht zu, wenn der Bestandnehmer – zB nach MRG – besonderen Kündigungsschutz genießt).

2. Arbeitsverträge in der Insolvenz des Arbeitgebers (§ 25 IO)

a) Allgemeines; Ausübung der Rechte und Pflichten des Arbeitgebers

§ 25 Abs 1 IO stellt klar, dass im Insolvenzverfahren der **Insolvenzverwalter** die **Rechte und Pflichten des Arbeitgebers** auszuüben hat. Darüber hinaus sieht § 25 IO in der **Arbeitgeberinsolvenz** besondere **Auflösungsrechte** vor, deren richtige Handhabung den Erfolg des Insolvenzverfahrens maßgeblich beeinflussen kann. Es geht um die Möglichkeit, „überflüssige" Arbeitsverhältnisse kostengünstig abzubauen. Zu diesem Zweck statuiert § 25 IO im **Insolvenzverfahren des Arbeitgebers** ein privilegiertes **Kündigungsrecht** des Insolvenzverwalters. Daneben haben auch die Arbeitnehmer unter bestimmten Voraussetzungen ein **besonderes Austrittsrecht**. Vertragliche Bestimmungen, welche die Anwendung des § 25 IO ausschließen, sind **wirkungslos** (§ 25b Abs 1 IO).

b) Vorteile der Kündigung nach § 25 IO

Das **besondere Auflösungsrecht nach § 25 IO** bietet dem Insolvenzverwalter erhebliche **Vorteile**:

aa) Er hat nur die **gesetzliche, kollektivvertragliche** oder zulässigerweise **vereinbarte kürzere Kündigungsfrist**, nicht aber eine **längere vertragliche Frist** einzuhalten. Auch **Kündigungstermine** sind unbeachtlich. Dagegen bleiben besondere gesetzliche Kündigungsbeschränkungen (zB §§ 120, 121 ArbVG, § 12 APSG ua) auch im Insolvenzverfahren des Arbeitgebers aufrecht, ebenso die Beschränkungen nach **§ 45a AMFG** (sog „Frühwarnsystem").

bb) Wenn bei der Auflösung des Arbeitsverhältnisses die Vorgaben des § 25 IO eingehalten werden, sind die **Beendigungsansprüche** nur **Insolvenzforderungen** (§ 51 Abs 2 Z 2 lit a IO); dies auch dann, wenn das nach § 25 IO gekündigte Arbeitsverhältnis während der Kündigungsfrist wegen Nichtzahlung des Entgelts beendet wird.

> **Gegenbeispiel:** Wenn der Insolvenzverwalter ein vor Insolvenzeröffnung begründetes Arbeitsverhältnis auflöst, ohne die Kriterien des § 25 IO einzuhalten, sind die Beendigungsansprüche **Masseforderungen** (§ 46 Z 3a IO).

c) Die Fristen des § 25 IO

Damit die Rechtswirkungen nach § 25 IO eintreten, muss die Kündigung (der Austritt) **innerhalb bestimmter Fristen erklärt** werden:

aa)   im Schuldenregulierungsverfahren binnen **Monatsfrist nach der Eröffnung des Verfahrens**;

bb)   ansonsten binnen **einem Monat** nach **öffentlicher Bekanntmachung des Beschlusses**, mit dem die Schließung des Unternehmens (bzw eines Unternehmensbereiches) angeordnet, bewilligt oder festgestellt wird, oder

cc)   innerhalb **eines Monats nach der Berichtstagsatzung**, es sei denn, das Gericht hat dort die Fortführung des Unternehmens beschlossen.
In der letztgenannten Konstellation kann der Insolvenzverwalter in der Monatsfrist nur Arbeitnehmer, die in **einzuschränkenden Bereichen** beschäftigt sind, nach § 25 IO kündigen; ein Austrittsrecht der Arbeitnehmer besteht hier nicht, wohl aber kann ein vom Insolvenzverwalter gekündigter Arbeitnehmer nach § 25 Abs 1 IO den Austritt erklären.

dd) Bei **ausländischen Insolvenzverfahren** ist die Kündigung (der Austritt) nach § 25 IO im vierten Monat nach Insolvenzeröffnung möglich, sofern bis dahin **keine Berichtstagsatzung** stattgefunden hat und die **Fortführung des Unternehmens nicht in der Insolvenzdatei** bekannt gemacht wurde (eine solche Bekanntmachung ist auf Antrag des ausländischen Insolvenzverwalters gem § 242 Abs 2 IO vom HG Wien vorzunehmen; sie bewirkt den Entfall des besonderen Auflösungsrechts nach § 25 IO).

d) Fristwahrung bei besonderem gesetzlichen Kündigungsschutz

Bei Arbeitnehmern mit **besonderem gesetzlichen Kündigungsschutz** reicht es aus, wenn der Insolvenzverwalter innerhalb der jeweiligen Monatsfrist die **Klage** oder einen **Antrag auf Zustimmung zur Kündigung** einbringt. Im Geltungsbereich des sog „Frühwarnsystems" (§ 45a AMFG) genügt es, wenn innerhalb der Monatsfrist die Anzeige an das AMS erfolgt (§ 25 Abs 1a IO). Letzteres gilt aber nicht im Sanierungsverfahren mit Eigenverwaltung.

> **Beispiel 1:** Der Insolvenzverwalter will ein **Mitglied des Betriebsrats** nach § 25 IO kündigen. Er hat innerhalb der Monatsfrist des § 25 IO eine Klage auf Zustimmung beim Arbeits- und Sozialgericht einzubringen (§§ 120 ff ArbVG). Der Ausspruch der Kündigung ist erst später möglich.

> **Beispiel 2:** In einem Unternehmen mit mehr als 100 Arbeitnehmern sollen mehr als fünf Prozent der Arbeitnehmer gekündigt werden (vgl § 45a Abs 1 Z 2 AMFG). Der Arbeitgeber hat die beabsichtigten Kündigungen, bevor er sie wirksam aussprechen kann, dem AMS anzuzeigen und nach Einbringung der Anzeige mindestens 30 Tage zuzuwarten. Diese Bestimmung gilt auch im Insolvenzverfahren. Die Monatsfrist nach § 25 IO ist in solchen Fällen bereits gewahrt, wenn innerhalb dieser Frist die Anzeige beim AMS eingebracht wird. Die Kündigungen selbst kann auch der Insolvenzverwalter erst (frühestens) 30 Tage nach der Anzeige aussprechen.

e) Schließung von Unternehmensbereichen

Wenn nicht das **ganze Unternehmen**, sondern nur ein **Unternehmensbereich** geschlossen wird, können nur jene Arbeitnehmer gekündigt werden (austreten), die in dem **von der Schließung betroffenen Bereich** beschäftigt sind (§ 25 Abs 1b Satz 1 IO).

f) Besonderheiten im Sanierungsverfahren mit Eigenverwaltung

aa) Im **Sanierungsverfahren mit Eigenverwaltung** wird das Kündigungsrecht nach § 25 IO vom **Schuldner** ausgeübt; er bedarf dafür der **Zustimmung** des Sanierungsverwalters (§ 171 Abs 1 IO).

bb) Ein besonderes Kündigungsrecht besteht auch bereits innerhalb des **ersten Monats** nach der öffentlichen Bekanntmachung des Eröffnungsbeschlusses: Innerhalb dieser Frist kann der **Schuldner** (mit Zustimmung des Sanierungsverwalters) Arbeitnehmer, die in **einzuschränkenden Bereichen** beschäftigt sind, kündigen; dies unter der weiteren Voraussetzung, dass die Aufrechterhaltung der betroffenen Arbeitsverhältnisse das Zustandekommen (die Erfüllbarkeit) des Sanierungsplans oder die Fortführung des Unternehmens gefährden könnte (§ 25 Abs 1c IO). Demgegenüber besteht im Konkurs- und im Sanierungsverfahren ohne Eigenverwaltung diese Möglichkeit erst nach der Berichtstagsatzung.

cc) Nach dem **Ausspruch einer solchen Kündigung** durch den Schuldner hat auch der betroffene Arbeitnehmer ein **Austrittsrecht** nach § 25 Abs 1 IO.

dd) Die **Anzeigepflicht nach § 45a AMFG** besteht auch für diese Fälle. Die Frist des § 25 Abs 1c IO wird durch die Anzeige nach § 45a AMFG freilich nicht gewahrt. Daher muss ein Schuldner, der von der privilegierten Auflösungsmöglichkeit nach § 25 Abs 1c IO Gebrauch machen will, die Anzeige an das AMS bereits im Rahmen der Verfahrensvorbereitung, somit vor Eröffnung des Sanierungsverfahrens, erstatten.

g) Schadenersatzansprüche der Arbeitnehmer bei Auflösung

Wird das Arbeitsverhältnis nach § 25 IO aufgelöst, kann der Arbeitnehmer den **Ersatz des verursachten Schadens** als **Insolvenzforderung** verlangen (§ 25 Abs 2 IO). Dies gilt sowohl bei Kündigung durch den Insolvenzverwalter als auch beim Austritt des Arbeitnehmers. Der Anspruch geht auf jenen Betrag, der dem Arbeitnehmer bei (fiktiver) Kündigung unter Einhaltung der gesetzlichen bzw vertraglichen Fristen und Termine gebühren würde.

h) Sonstige Kündigungs- und Austrittsrechte der Arbeitnehmer

aa) Nach Eröffnung des Insolvenzverfahrens können Arbeitnehmer ihren Austritt nicht auf **Entgeltrückstände aus der Zeit vor Insolvenzeröffnung** stützen (§ 25 Abs 3 IO). Diese Beschränkung ist ihnen zumutbar, weil die Ansprüche der Arbeitnehmer ohnedies nach dem IESG geschützt sind.

> **Beachte:** Hat ein Arbeitnehmer den Austritt wegen Entgeltrückständen bereits *vor Insolvenzeröffnung* wirksam erklärt, bleiben die Wirkungen des Austritts aufrecht.

bb) Abgesehen von § 25 Abs 3 IO sind die Arbeitnehmer – auch im Fall der Unternehmensfortführung – in ihren allgemeinen Auflösungsmöglichkeiten **nicht beschränkt**. § 25a IO ist auf Arbeitsverhältnisse nicht anwendbar.

3. Andere Dauerschuldverhältnisse

Für die nicht in §§ 23–25 IO erfassten **Dauerschuldverhältnisse** ist **§ 21 IO** anzuwenden. Dies gilt insb für Versicherungspolizzen, Verträge über Strom-, Gas- und Wasserlieferung sowie Leistungen im Bereich der Telekommunikation (Telefon, Fax, Internet etc). Der Entgeltanspruch für Leistungen, die der Schuldner **bis zur Insolvenzeröffnung** in Anspruch genommen hat, ist **Insolvenzforderung** (es handelt sich dabei um Entgelte für teilbare Leistungen). Die Auflösungsbeschränkungen nach §§ 25a, 25b IO sind anzuwenden.

III. Schutz der Insolvenzmasse vor Auflösung wichtiger Vertragsverhältnisse

Die Erfahrung zeigt, dass die **Unternehmensfortführung** nur möglich ist, wenn für das Unternehmen wichtige Vertragsverhältnisse nach der Insolvenzeröffnung bestehen bleiben. Das frühere Konkursrecht hat diesem Anliegen nicht ausreichend Rechnung getragen: Die §§ 21 ff KO aF stellten im Wesentlichen nur **insolvenzspezifische Beendigungsmöglichkeiten** bereit, während der **Fortbestand** der für die Insolvenzmasse **wichtigen Vertragsverhältnisse** keinen speziellen Schutz erfuhr. Hier brachte das IRÄG 2010 wesentliche Verbesserungen:

1. Auflösungssperre bei Unternehmensfortführung

Nach § 25a IO sind Vertragsauflösungen, welche die **Fortführung des Unternehmens gefährden** könnten, innerhalb einer Frist von **sechs Monaten ab Insolvenzeröffnung** nur **aus wichtigem Grund** zulässig. Dass sich die **wirtschaftliche Situation** des Schuldners **verschlechtert** hat, bildet keinen wichtigen Grund iS dieser Bestimmung, ebenso wenig der Umstand, dass der Schuldner mit der Erfüllung von Forderungen, die bereits **vor Eröffnung des Insolvenzverfahrens fällig** geworden sind, in **Verzug** ist (Auflösungssperre gem § 25a Abs 1 IO). Innerhalb der sechsmonatigen Frist ist daher die Auflösung nur aus **anderen wichtigen Gründen** möglich, die Ausübung eines **ordentlichen Kündigungsrechts** ist überhaupt ausgeschlossen.

> **Ausnahmen:** Die Auflösungssperre gilt nicht
> - wenn die Auflösung des Vertrages unerlässlich ist, um schwere persönliche oder wirtschaftliche Nachteile vom Vertragspartner abzuwenden;
> - bei Ansprüchen auf Auszahlung von Krediten und
> - bei Arbeitsverträgen.

Beachte: Der Schutz nach § 25a Abs 1 IO ist in zweifacher Hinsicht beschränkt: Zum einen wirkt er nur, solange das **Unternehmen fortgeführt** wird, zum anderen endet er jedenfalls **sechs Monate** nach Insolvenzeröffnung.

2. Unwirksame Vereinbarungen

a) § 25b Abs 1 IO bestimmt, dass die Anwendung der §§ 21–25a IO (somit auch die Geltung der Auflösungssperre nach § 25a IO) im Verhältnis zwischen Schuldner und Gläubiger nicht im Voraus ausgeschlossen oder beschränkt werden kann **(zwingendes Recht)**.

b) Überdies sind Vereinbarungen, die **für den Fall der Insolvenzeröffnung** ein **Rücktrittsrecht** oder die („automatische") **Auflösung des Vertrages** vorsehen, nach § 25b Abs 2 IO unzulässig. Dies auch dann, wenn das Unternehmen nicht fortgeführt wird oder – wie im „Privatkonkurs" – gar kein Unternehmen vorhanden ist.

IV. Aufträge, Vollmachten

1. **Insolvenzeröffnung beim Auftraggeber/Machtgeber:** Aufträge, die der Schuldner erteilt hat, **erlöschen** ex lege mit Eröffnung des Insolvenzverfahrens (§ 26 Abs 1 IO), ebenso vom Schuldner erteilte **Vollmachten**. Wird daher über das **Vermögen des Machtgebers** ein Insolvenzverfahren eröffnet, so kann der Machthaber ab dessen Bekanntmachung keine wirksamen Vertretungshandlungen mehr setzen (§ 1024 Satz 1 ABGB). Es gibt jedoch **Ausnahmen:**

a) Von einem Unternehmer erteilte **Aufträge und Vollmachten** an einen **Handelsvertreter** erlöschen ex lege nur, wenn über das Vermögen des Unternehmers ein **Konkursverfahren** eröffnet wird (daher nicht bei Eröffnung eines **Sanierungsverfahrens**; vgl § 26 HVG). Dies wird damit begründet, dass die Tätigkeit des Handelsvertreters im Sanierungsverfahren für die Unternehmensfortführung wichtig sein kann (Betreuung eines Teils des Kundenstocks), so dass eine „automatische" Auflösung hier unerwünscht wäre. Sollte im Einzelfall die Auflösung dennoch erforderlich sein, steht das Auflösungsrecht nach § 21 IO offen.

b) Die **Prozessvollmacht** wird durch die Insolvenzeröffnung über das Vermögen des Machtgebers **nicht beendet**. Zu beachten ist freilich, dass der Schuldner, sofern massebezogene Verfahren betroffen sind, die Prozessführungsbefugnis verliert; solche Verfahren werden vom Insolvenzverwalter fortgeführt; daran vermag auch der grundsätzliche Fortbestand der Prozessvollmacht nichts zu ändern.

2. Wird das **Insolvenzverfahren** über das **Vermögen des Bevollmächtigten** eröffnet, erlischt die ihm erteilte Vollmacht (§ 1024 letzter Satz ABGB), und zwar auch eine Prozessvollmacht; ebenso ein dem Schuldner erteilter Auftrag.

V. Anträge

Anträge (Offerte) des Schuldners, die der Adressat bis zur Eröffnung des Insolvenzverfahrens noch nicht angenommen hat, binden den Insolvenzverwalter nicht (§ 26 Abs 3 IO).

> **Beispiel:** Der Schuldner faxt einem Kunden noch vor Insolvenzeröffnung eine Offerte zu, in der er Teile des Warenlagers zum Kauf anbietet. Der Kunde nimmt zwar das Angebot an, jedoch geht die Annahmeerklärung dem Insolvenzverwalter erst nach Eröffnung des Insolvenzverfahrens zu. Der Insolvenzverwalter ist nicht gebunden.

Dagegen bleiben Anträge **an den Schuldner**, die dieser vor Eröffnung des Insolvenzverfahrens noch nicht angenommen hat, aufrecht (sofern nicht aus den gesamten Umständen ein anderer Wille des Antragstellers hervorgeht; § 26 Abs 2 IO).

VI. Grundbuchsperre (§ 13 IO)

Nach Eröffnung des Insolvenzverfahrens werden **Einverleibungen** (Vormerkungen) **im Grundbuch** nur bewilligt, wenn sich der **Rang der Eintragung** nach einem vor der Insolvenzeröffnung liegenden Tag richtet.

> **Beispiel:** Der Schuldner hat vor Eröffnung des Insolvenzverfahrens ein Grundstück verkauft. Der Kaufvertrag wurde zwar bereits in einverleibungsfähiger Form abgeschlossen, aber noch nicht bücherlich durchgeführt. Nach Eröffnung des Insolvenzverfahrens kommt der Käufer nicht mehr ins Grundbuch. *Ausnahmen:*
>
> Der Grundbuchsantrag ist bereits vor der Insolvenzeröffnung beim Grundbuchsgericht eingelangt oder es besteht neben dem einverleibungsfähigen Kaufvertrag ein noch aufrechter Rangordnungsbeschluss (ROB) mit einem Rang vor Eröffnung des Insolvenzverfahrens. Das Original des ROB muss sich in Händen des Käufers (oder eines für ihn tätigen Vertreters bzw Treuhänders) befinden.

R. Die Aufrechnung im Insolvenzverfahren

I. Allgemeines

Die Möglichkeit, gegen eine Forderung des Schuldners **aufzurechnen**, bleibt grundsätzlich auch während des Insolvenzverfahrens aufrecht. Sie sichert dem Insolvenzgläubiger wertmäßig die **volle Befriedigung** seiner Forderung. Er erhält zwar nichts ausbezahlt, wird aber in Höhe der Insolvenzforderung von seiner eigenen Schuld befreit. Insolvenzgläubiger mit aufrechenbaren Forderungen müssen diese daher, soweit sie in der Gegenforderung Deckung finden, **im Insolvenzverfahren nicht anmelden** (§ 19 Abs 1 IO). Sofern die Aufrechnung im Insolvenzverfahren zulässig ist, kann sie **während des gesamten Verfahrens** gegenüber dem Insolvenzverwalter erklärt werden.

> **Beachte:** Die Befugnis zur Aufrechnung in der Insolvenz des Schuldners ist für den Dritten von zentraler Bedeutung. Soweit ihm diese (ausnahmsweise) versagt wird, muss er die von ihm geschuldete Leistung an die Insolvenzmasse voll erbringen, hat jedoch für seine eigene Forderung, sofern diese als Insolvenzforderung zu qualifizieren ist, nur einen Quotenanspruch.

II. Insolvenzrechtliche Modifikationen

Nach **allgemeinem Zivilrecht** ist die Aufrechnung idR zulässig, wenn die aufzurechnenden Forderungen **fällig und gleichartig** sind. In besonderen Fällen wird die Aufrechnung ausgeschlossen oder eingeschränkt. Dagegen ist der Zeitpunkt, in dem die Forderungen entstanden sind, außerhalb des Insolvenzrechts regelmäßig nicht maßgebend.

Die IO sieht teils **Erweiterungen** (hinsichtlich Fälligkeit und Gleichartigkeit), teils **Einschränkungen** der Aufrechnung vor. Im Einzelnen:

1. Erweiterungen der Aufrechnungsmöglichkeit

a) Die Aufrechnung wird nicht dadurch ausgeschlossen, dass die Forderung des Gläubigers oder des Schuldners zur Zeit der Insolvenzeröffnung noch **bedingt** oder **betagt** ist (§ 19 Abs 2 IO). Die Forderung des anderen Teils ist nach §§ 14, 15 IO zu ermitteln (zB Abzug von Zwischenzinsen im Fall des § 14 Abs 3 IO).

> **Beispiel:** Der Schuldner hat eine Kaufpreisforderung (10.000 Euro) gegen D; dieser hat seinerseits eine Forderung gegen den Schuldner auf Rückzahlung eines Darlehens von 15.000 Euro, die an sich erst in fünf Jahren fällig wäre. D kann trotzdem die Aufrechnung erklären; wenn das Darlehen unverzinslich ist, sind Zwischenzinsen abzuziehen. Die nach erfolgter Aufrechnung verbleibende Restforderung des D ist Insolvenzforderung.

Wenn der Dritte eine **bedingte Forderung** hat, kann das Insolvenzgericht die Aufrechnung von einer **Sicherheitsleistung** abhängig machen (§ 19 Abs 2 IO).

b) Die Aufrechnung im Insolvenzverfahren scheitert auch nicht daran, dass die Forderung des anderen Teils **nicht auf Geld gerichtet** ist (§ 19 Abs 2 IO). Dies bereitet deshalb keine Schwierigkeit, weil sich solche Ansprüche mit Eröffnung des Insolvenzverfahrens in Geldforderungen umwandeln (§ 14 Abs 1 IO).

> **Beispiel:** Der Schuldner hat gegen D einen Anspruch auf Zahlung von 100.000 Euro, D hat gegen den Schuldner Anspruch auf Lieferung bereits bezahlter Rohstoffe im Wert von 100.000 Euro. Die Aufrechnung ist möglich.

2. Einschränkungen der Aufrechnungsmöglichkeit

Im Insolvenzverfahren reicht es nicht aus, dass die Aufrechnungslage zur Zeit der Aufrechnungserklärung vorliegt. **Maßgeblicher Zeitpunkt** ist vielmehr jener der **Insolvenzeröffnung**. Nach deren Wirksamwerden ist es den Insolvenzgläubigern verwehrt, sich durch Schaffung einer Aufrechnungslage Sondervorteile zu verschaffen. Somit ist die **Aufrechnung ausgeschlossen**, wenn ein Insolvenzgläubiger erst **nach Eröffnung des Insolvenzverfahrens Schuldner der Insolvenzmasse** wird oder wenn der Dritte die Forderung gegen den Insolvenzschuldner erst **nach der Insolvenzeröffnung erwirbt** (§ 20 Abs 1 Satz 1 IO).

Darüber hinaus ist die Aufrechnung auch **ausgeschlossen**, wenn der Dritte die Gegenforderung gegen den Schuldner in den letzten **sechs Monaten vor Eröffnung des Insolvenzverfahrens** erworben hat und zur Zeit des Erwerbs **Kenntnis von der Zahlungsunfähigkeit** hatte oder haben musste (§ 20 Abs 1 und 2 IO). In solchen Fällen schadet dem Dritten bereits leichte Fahrlässigkeit.

S. Wirkung der Eröffnung des Insolvenzverfahrens auf Prozesse und Exekutionen

I. Prozesse, Außerstreitsachen

1. Verfahren, welche die Insolvenzmasse nicht betreffen

Streitige (und außerstreitige: vgl § 8a IO) Verfahren, die sich **nicht auf die Insolvenzmasse beziehen**, können auch während des Insolvenzverfahrens gegen den Schuldner begonnen oder fortgesetzt werden (§ 6 Abs 3 IO). Dazu gehören alle Verfahren über **Ansprüche nicht vermögensrechtlicher Natur** (zB Statusprozesse), über Ansprüche auf **höchstpersönliche Leistungen** des Schuldners sowie Rechtssachen, die das insolvenzfreie Vermögen betreffen.

> **Beispiele:** Scheidungsverfahren; Abstammungsverfahren; (streitige und außerstreitige) Verfahren über Ansprüche gegen den Schuldner auf gesetzlichen Unterhalt für Zeiträume nach Insolvenzeröffnung; Klage des Schuldners auf Zahlung des Arbeitsentgelts im Ausmaß der Unpfändbarkeit.

2. Verfahren, welche die Insolvenzmasse betreffen

a) Für (streitige und außerstreitige) Verfahren, welche die Geltendmachung oder Sicherstellung von Ansprüchen auf insolvenzunterworfenes Vermögen bezwecken, errichtet § 6 Abs 1 IO eine **Prozesssperre**: Sie können nach Eröffnung des Insolvenzverfahrens gegen den Schuldner **weder anhängig gemacht noch fortgesetzt** werden.

> **Ausnahme:** Im **Sanierungsverfahren mit Eigenverwaltung** bleibt der Schuldner, soweit eine Angelegenheit der Eigenverwaltung betroffen ist, zur Führung von Rechtsstreitigkeiten und sonstigen Verfahren befugt (§ 173 IO).

b) Bereits **anhängige Verfahren** mit Massebezug werden mit Eröffnung des Insolvenzverfahrens ex lege **unterbrochen** (§ 7 Abs 1 IO). Für den Fortgang unterbrochener Verfahren ist zu differenzieren:

aa) Aktivprozesse: Die Masse betreffende Verfahren, in denen der **Schuldner als Kläger** (Antragsteller) auftritt **(Aktivprozesse)**, werden mit Eröffnung des Insolvenzverfahrens **unterbrochen**. Der Insolvenzverwalter kann in das Verfahren eintreten. Lehnt er dies ab oder gibt er innerhalb einer ihm gesetzten Frist keine Erklärung ab, so **scheidet der streitverfangene Anspruch aus der Insolvenzmasse aus**. In solchen Fällen kann der Schuldner das Verfahren selbst fortführen (§ 8 IO).

> **Beispiel:** Der Schuldner hat vor Insolvenzeröffnung eine Werklohnforderung eingeklagt; der Beklagte wendet Verjährung ein. Wenn dem Insolvenzverwalter das Prozessrisiko zu hoch erscheint, wird er den Eintritt ablehnen. Dann kann der Schuldner den Prozess auf eigene Rechnung fortführen. Das Ergebnis dieses Verfahrens berührt die Insolvenzmasse nicht: Der Anspruch wird insolvenzfrei; eine allfällige Kostenersatzpflicht für den Zeitraum ab der Aufnahme des Verfahrens trifft den Schuldner selbst. Ansprüche des Prozessgegners auf Ersatz der vor Insolvenzeröffnung angefallenen Kosten sind freilich auch in dieser Konstellation als Insolvenzforderung anzumelden.

> **Achtung:** Im **Sanierungsverfahren** ist § 8 IO „in Angelegenheiten der **Eigenverwaltung**" nicht anwendbar (§ 176 Z 3 IO). Eine Freigabe von Aktivansprüchen durch den Schuldner ist damit ausgeschlossen.

bb) Passivprozesse

Für Prozesse über **Aussonderungsrechte Dritter** gilt dasselbe wie für Aktivprozesse (siehe oben Pkt aa).

> **Beispiel:** Ein Dritter klagt den Schuldner vor Insolvenzeröffnung auf Herausgabe einer Sache, an der er Eigentum behauptet; der Schuldner bestreitet das Eigentum des Klägers. Der Insolvenzverwalter kann wählen, ob er in das Verfahren eintritt oder nicht. Lehnt er den Eintritt ab, wird der streitverfangene Gegenstand insolvenzfrei. Der Schuldner kann den Prozess selbst weiterführen. Obsiegt er, bleibt ihm die Sache; die Insolvenzmasse kann darauf keine Ansprüche mehr erheben.

In **sonstigen Passivprozessen** (zB über Absonderungsrechte) hat der Insolvenzverwalter keine Möglichkeit, den Eintritt in das Verfahren abzulehnen. Verhält er sich im Prozess passiv, belastet dies die Insolvenzmasse mit Säumnisfolgen.

cc) Spezialfall: Verfahren über Insolvenzforderungen

Verfahren über **Insolvenzforderungen** bleiben jedenfalls **bis zur Prüfungstagsatzung unterbrochen** (§ 7 Abs 3 IO). Damit wird der Vorrang des insolvenzrechtlichen Anmeldungsverfahrens gewahrt. Wird der Anspruch in der Prüfungstagsatzung vom Insolvenzverwalter oder von einem dazu berechtigten Gläubiger **bestritten**, kann das unterbrochene Verfahren **als Prüfungsprozess fortgesetzt** werden (§ 113 IO).

Im fortgesetzten Verfahren tritt ein **Parteiwechsel ex lege** ein: An die Stelle des Schuldners treten der Insolvenzverwalter und/oder sonstige Bestreitende. Außerdem ist das **Klagebegehren auf Feststellung** umzustellen. Letzteres ist auch zulässig, wenn die Voraussetzungen für eine **Klagsänderung** (§ 235 ZPO) an sich nicht vorlägen (daher auch noch **im Rechtsmittelstadium**). Wenn der Kläger sein Begehren nicht umstellt, hat das Prozessgericht die gebotene Anpassung in jeder Lage des Verfahrens **von Amts wegen** vorzunehmen.

II. Exekutionen

1. Nach der Eröffnung des Insolvenzverfahrens kann wegen einer Insolvenzforderung **kein exekutives Pfand- oder Befriedigungsrecht** erworben werden (**Exekutionssperre**, § 10 Abs 1 IO).

2. Für bereits **vor Insolvenzeröffnung** begründete **Aus- und Absonderungsrechte** besteht keine generelle Exekutionssperre; sie können daher auch im Insolvenzverfahren exekutiv betrieben werden. Zur sog „**Zwangsstundung**" nach § 11 Abs 2 und 3 IO, die exekutionsrechtlich einen Aufschiebungsgrund darstellt, siehe S 40, 44.

3. Exekutive Pfand- und Befriedigungsrechte, die in den **letzten 60 Tagen** vor Eröffnung des Insolvenzverfahrens erworben wurden, **erlöschen ex lege**, es sei denn, sie wurden zugunsten eines öffentlich-rechtlichen Anspruchs begründet (§ 12 Abs 1 IO). Im Fall des Erlöschens ist das **exekutive Verwertungsverfahren** auf Ersuchen des Insolvenzgerichts oder auf Antrag des Insolvenzverwalters **einzustellen** (§ 12 Abs 2 IO).

4. Hat der betreibende Gläubiger das exekutive Pfand- oder Befriedigungsrecht **außerhalb der 60-Tage-Frist** erworben, läuft das Exekutionsverfahren auch während des Insolvenzverfahrens (gegen den Insolvenzverwalter) weiter. Zur Möglichkeit der Anfechtung exekutiv erworbener Pfand- und Befriedigungsrechte siehe S 65.

5. Exekutive Absonderungsrechte an Forderungen, die auf **Einkünfte aus einem Arbeitsverhältnis** gerichtet sind, erlöschen vorzeitig. Siehe dazu § 12a Abs 3 IO (Näheres oben S 43).

6. Die **Zwangsverwaltung** eines Unternehmens, einer Liegenschaft etc **erlischt** mit Ablauf des Monats der Insolvenzeröffnung bzw im Fall der Insolvenzeröffnung nach dem 15. des Monats mit Ablauf des Folgemonats (§ 12d IO).

7. Zur **Aufschiebung der Räumungsexekution** gem § 12c IO siehe S 54.

8. Die **Massegläubiger** können ihre Ansprüche auch **während des Insolvenzverfahrens** gegen die Insolvenzmasse vollstrecken. Eine Schranke bilden nur die Bestimmungen über die Masseunzulänglichkeit; dazu näher S 46.

T. Die Anfechtung nach der Insolvenzordnung

I. Allgemeines

Die Erfahrung zeigt, dass **vor Eröffnung des Insolvenzverfahrens** häufig Rechtshandlungen gesetzt werden, die **den Haftungsfonds** der Gläubiger **schmälern**. Zum einen versuchen unredliche Schuldner, kurz vor dem wirtschaftlichen Kollaps noch Vermögensstücke zu verschieben oder zumindest den Zugriff der Gläubiger auf diese Werte zu vereiteln. Zum anderen wollen einzelne Gläubiger für ihre offenen Forderungen noch rasch Zahlung oder zumindest Sicherstellung erlangen. Dies geht regelmäßig auf Kosten der anderen Gläubiger, deren Haftungsfonds geschmälert wird.

> **Beispiele:** Wenige Monate vor Insolvenzeröffnung schenkt der Schuldner seinem Sohn die Eigentumswohnung. Überdies belastet er ein Grundstück mit einer Hypothek, um eine bestehende Kreditschuld zu besichern. Einige Gläubiger erhalten noch Zahlungen auf ihre unbesicherten Forderungen.

II. Zweck und Wirkungen der Insolvenzanfechtung

Die Anfechtung nach den §§ 27 ff IO zielt darauf ab, **bestimmte Rechtshandlungen, die vor Eröffnung des Insolvenzverfahrens vorgenommen** wurden und die Gläubiger benachteiligen, **rückgängig zu machen**. Berechtigt zur Anfechtung ist – sofern ein solcher bestellt ist – ausschließlich der **Insolvenzverwalter** (sog **Anfechtungsmonopol**). Dieser übt mit der Anfechtung ein **Gestaltungsrecht** aus, welches darauf abzielt, die angefochtene Rechtshandlung den Insolvenzgläubigern gegenüber **als unwirksam zu erklären** (siehe § 27 IO: **relative Unwirksamkeit**).

III. Allgemeine Voraussetzungen der Anfechtung

Nach §§ 27 ff IO anfechtbar sind:

> - **Rechtshandlungen,**
> - die **vor Eröffnung des Insolvenzverfahrens** vorgenommen worden sind,
> - das **Vermögen des Schuldners** betreffen und
> - die **Gläubiger benachteiligen,**
> - sofern ein **besonderer Anfechtungstatbestand** erfüllt ist (siehe gleich unten Pkt IV).

1. Rechtshandlungen sind alle **Handlungen mit rechtlichen Wirkungen**, gleichgültig, ob diese gewollt sind oder nicht. Dazu zählen insb ein- und zweiseitige Rechtsgeschäfte, aber auch Verfahrenshandlungen ua.

2. Die Rechtshandlung muss **vor Eröffnung des Insolvenzverfahrens** vorgenommen worden sein.

3. Die Rechtshandlung muss, um anfechtbar zu sein, ein **insolvenzunterworfenes Objekt** zum Gegenstand haben.

4. Eine weitere Anfechtungsvoraussetzung ist die **Gläubigerbenachteiligung** bzw **Befriedigungstauglichkeit** der Anfechtung. Rechtshandlungen sind nur anfechtbar, wenn die Wahrscheinlichkeit besteht, dass durch die Anfechtung die **Befriedigungsaussichten der Gläubiger verbessert** werden. Im Zweifel ist dies zu bejahen.

> **Beispiel:** Nicht gläubigerbenachteiligend ist die Veräußerung einer mit Pfandrechten überlasteten Sache (sofern die Überlastung, auch bei Berücksichtigung schwankender Verkehrswerte, feststeht).

IV. Besondere Anfechtungsvoraussetzungen

Neben den allgemeinen Voraussetzungen (siehe oben Pkt 1–4) müssen auch die Merkmale eines der folgenden **(besonderen) Anfechtungstatbestände** erfüllt sein:

1. Anfechtung wegen Benachteiligungsabsicht (§ 28 Z 1–3 IO)

Dieser Tatbestand nimmt Rechtshandlungen ins Visier, die der Schuldner in der **Absicht** vorgenommen hat, seine **Gläubiger zu benachteiligen**. Die Benachteiligung muss nicht gerade das Motiv für die Rechtshandlung gewesen sein; es reicht bereits aus, wenn der Schuldner die Benachteiligung ernstlich für möglich gehalten und sich damit abgefunden hat (*dolus eventualis*).

Damit solche Rechtshandlungen erfolgreich angefochten werden können, muss auch beim **Anfechtungsgegner** ein vorwerfbares Element hinzutreten: die **Kenntnis** oder zumindest **fahrlässige Unkenntnis** der Benachteiligungsabsicht. Die Tatbestände des § 28 Z 1–3 IO differenzieren danach, ob dem Anfechtungsgegner die Benachteiligungsabsicht **bekannt** war (dies ist schwer nachzuweisen, dafür wird ein langer Anfechtungszeitraum eröffnet) oder ob ihm eine **fahrlässige Unkenntnis** vorwerfbar ist (in diesem Fall verkürzt sich der Anfechtungszeitraum auf zwei Jahre; Beweislastumkehr zulasten naher Angehöriger). Im Einzelnen:

a) Wenn der Schuldner in **Benachteiligungsabsicht** gehandelt hat und dies dem Dritten **positiv bekannt** war, umfasst die Anfechtbarkeit einen Zeitraum von **zehn Jahren** vor der Eröffnung des Insolvenzverfahrens (§ 28 Z 1 IO).

> **Beispiel:** Acht Jahre vor Insolvenzeröffnung hat der Schuldner seiner Ehegattin ein bücherliches Veräußerungs- und Belastungsverbot an seinem Haus eingeräumt. Er hatte zu diesem Zeitpunkt bereits Schulden, deren Befriedigung er vereiteln wollte. Der Ehegattin war diese Absicht bekannt. In der Praxis sind Klagen nach § 28 Z 1 IO wegen der schwierigen Beweislage selten (die Beweislast auch für die subjektiven Voraussetzungen trifft hier stets den klagenden Insolvenzverwalter).

b) Praktisch bedeutsamer ist die **Anfechtung nach § 28 Z 2 und 3 IO**: Auch hier ist die Benachteiligungsabsicht des Schuldners Tatbestandsmerkmal. Die Anfechtung ist jedoch insoweit erleichtert, als beim anderen Teil bereits **leicht fahrlässige Unkenntnis** von der Benachteiligungsabsicht genügt. Bei diesen Tatbeständen ist die Anfechtung auf einen **Zeitraum von zwei Jahren** vor Eröffnung des Insolvenzverfahrens beschränkt.

Die Beweislast auch für die subjektiven Tatbestandsmerkmale trifft grundsätzlich den Anfechtungskläger (Z 2). **Ausnahme:** Wenn sich die Anfechtung gegen einen **nahen Angehörigen** des Schuldners (iSd § 32 IO) richtet, greift zu seinen Lasten eine **Beweislastumkehr** in Bezug auf die subjektiven Tatbestandselemente (Z 3).

> **Beispiel:** Hat der Schuldner seiner Ehegattin das Veräußerungs- und Belastungsverbot erst 20 Monate vor Eröffnung des Insolvenzverfahrens eingeräumt, müsste im Anfechtungsprozess die beklagte Ehegattin beweisen, dass der Schuldner nicht in Benachteiligungsabsicht gehandelt hat oder dass sie zumindest diese Absicht weder kannte noch kennen musste (Beweislastumkehr).

2. Anfechtung wegen Vermögensverschleuderung (§ 28 Z 4 IO)

Anfechtbar sind **im letzten Jahr vor Eröffnung des Insolvenzverfahrens** abgeschlossene **Kauf-, Tausch- und Lieferungsverträge**, sofern diese eine die Gläubiger benachteiligende **Vermögensverschleuderung** bewirkten und der andere Teil dies erkannte oder erkennen musste. In der Praxis spielt dieser Tatbestand eine untergeordnete Rolle.

3. Anfechtung unentgeltlicher Verfügungen (§ 29 IO)

Anfechtbar sind die in den **letzten zwei Jahren vor Eröffnung des Insolvenzverfahrens** vorgenommenen **unentgeltlichen Verfügungen** des Schuldners (§ 29 Z 1 IO). Subjektive Tatbestandsmerkmale sind hier nicht vorgesehen, weil der unentgeltlich Bedachte weniger schutzwürdig ist als Personen, die entgeltlich erworben haben.

> **Beispiel:** Der Schuldner verschenkt 18 Monate vor Insolvenzeröffnung seine Wohnung. Die Schenkung ist anfechtbar; dies unabhängig von den Absichten des Schuldners und vom Wissensstand des Beschenkten.

> **Ausnahme:** Nach § 29 Z 1 IO anfechtungsfest sind gebräuchliche **Gelegenheitsgeschenke** und Verfügungen **in angemessener Höhe**, die in Erfüllung einer **sittlichen Pflicht** oder aus **Rücksicht des Anstands** gemacht wurden (zB Hochzeits- oder Weihnachtsgeschenke im üblichen Ausmaß, Spenden in angemessener Höhe). Was einer sittlichen Pflicht oder Rücksichten des Anstands entspricht, ist nach der jeweiligen Verkehrsauffassung zu beurteilen.

4. Anfechtung wegen Begünstigung (§ 30 IO)

§ 30 IO ermöglicht die Anfechtung bestimmter Rechtshandlungen, durch die ein Gläubiger **vor den anderen begünstigt** worden ist. Der Grundsatz der **Gläubigergleichbehandlung** (sog „par condicio creditorum") ist nämlich, sofern die **materielle Insolvenz** des Schuldners (Zahlungsunfähigkeit bzw in bestimmten Fällen Überschuldung) gegeben ist, auch bereits **vor Eröffnung eines Insolvenzverfahrens** zu respektieren. In der Praxis sind Verletzungen dieses Grundsatzes in der „Endphase" vor der Insolvenzeröffnung sehr häufig. Es bedarf daher rechtlicher Instrumentarien, um solche Verschiebungen nach der Insolvenzeröffnung rückgängig zu machen. Diesem Zweck dienen die §§ 30 und 31 Abs 1 Z 1 und 2, jeweils erster Fall IO.

Nach § 30 IO ist die **Befriedigung oder Sicherstellung** eines Gläubigers anfechtbar, sofern diese **nach Eintritt der Zahlungsunfähigkeit (Überschuldung)** oder nach dem Antrag auf Eröffnung des Insolvenzverfahrens oder in den letzten 60 Tagen vorher erfolgt ist; überdies muss die Begünstigung **innerhalb eines Jahres vor Insolvenzeröffnung** stattgefunden haben. Weitere Voraussetzungen:

a) War die Deckung (Befriedigung oder Sicherstellung) **inkongruent** (dh der Gläubiger konnte sie nach dem Inhalt des Rechtsverhältnisses nicht oder nicht in der Art oder nicht in der Zeit beanspruchen), so bestehen keine weiteren (subjektiven) Anfechtungsvoraussetzungen. Ob eine Leistung kongruent ist oder nicht, bestimmt sich danach, ob der Gläubiger auf die Zahlung oder Sicherstellung zum Zeitpunkt ihrer Vornahme einen **klagbaren Anspruch** hatte.

> **Beispiele:** Der zahlungsunfähige Schuldner zahlt sieben Monate vor Eröffnung des Insolvenzverfahrens eine nicht fällige Schuld; oder er räumt seiner Bank zur Besicherung bereits bestehender Forderungen ein ursprünglich nicht vereinbartes Pfandrecht ein. In solchen Fällen ist die Anfechtung unabhängig von subjektiven Voraussetzungen möglich.

Inkongruent sind auch **exekutiv begründete Pfand- oder Befriedigungsrechte**, die ein Gläubiger zur Hereinbringung einer vollstreckbaren **Geldforderung** erworben hat. Dies wird damit begründet, dass ein auf eine Geldleistung gerichteter Exekutionstitel dem Gläubiger **keinen (materiell-rechtlichen) Anspruch** auf Sicherstellung verschafft.

> **Beispiel:** Einem Gläubiger wird zur Hereinbringung seiner vollstreckbaren Geldforderung die Begründung eines exekutiven Pfandrechts an der Liegenschaft des (bereits zahlungsunfähigen) Schuldners oder deren Zwangsversteigerung bewilligt. Sofern das Pfandrecht (bzw die Anmerkung der Zwangsversteigerung) innerhalb eines Jahres vor Insolvenzeröffnung begründet (vorgenommen) wurde, ist die Sicherstellung wegen Inkongruenz anfechtbar.

Gegenbeispiel: Wenn der Schuldner im obigen Fall, etwa um die Zwangsversteigerung abzuwenden, die betriebene Geldforderung noch vor der Insolvenzeröffnung bezahlt, erhält der Gläubiger damit eine Leistung, die er nach materiellem Recht beanspruchen kann. Eine solche Zahlung ist daher kongruent (was jedoch deren Anfechtung nach anderen Tatbeständen nicht ausschließt).

b) Auch eine **kongruente** (= eine dem anderen Teil in dieser Art und zu dieser Zeit gebührende) **Befriedigung oder Sicherstellung** kann nach § 30 IO anfechtbar sein. In diesen Fällen setzt die Anfechtung freilich zusätzliche **(subjektive) Elemente** voraus: die **Begünstigungsabsicht** des Schuldners (auch hier reicht *dolus eventualis*) und deren **Kenntnis oder fahrlässige Unkenntnis** beim anderen Teil. Zulasten naher Angehöriger gilt wiederum die Umkehr der Beweislast.

Beispiel: Der bereits zahlungsunfähige Schuldner hat acht Monate vor Eröffnung des Insolvenzverfahrens eine fällige Verbindlichkeit bezahlt. Diese Zahlung ist anfechtbar, wenn der Schuldner mit Begünstigungsabsicht gehandelt hat und der andere Teil diese Absicht kannte oder zumindest hätte erkennen müssen (leichte Fahrlässigkeit genügt).

Dass der Schuldner nur unter dem **Druck eines Antrags auf Insolvenzeröffnung** oder einer **angedrohten Strafanzeige** geleistet hat, schließt die Annahme der Begünstigungsabsicht nicht aus.

Wichtig: Bei einem **Leistungsaustausch** (oder einer Sicherstellung) **Zug um Zug** ist die Anfechtung nach den Tatbeständen des § 30 IO generell **ausgeschlossen**.

Beispiele: Gewährung eines Kredits Zug um Zug gegen Bestellung eines Pfandrechts; in einem engen zeitlichen Zusammenhang erfolgender Leistungsaustausch aufgrund eines Kauf-, Tausch- oder Werkvertrags; regelmäßige Zahlung des laufenden Mietzinses, Leasingentgelts oder Arbeitslohns, sofern die Beträge jeweils in der laufenden oder nächstfolgenden Abrechnungsperiode bezahlt werden.

5. Anfechtung wegen Kenntnis der Zahlungsunfähigkeit (§ 31 IO)

§ 31 IO erfasst bestimmte, im Folgenden näher bezeichnete Rechtshandlungen, die (a) innerhalb der **letzten sechs Monate** vor Insolvenzeröffnung und (b) **nach Eintritt der Zahlungsunfähigkeit** (Überschuldung) oder nach dem Eröffnungsantrag vorgenommen wurden, sofern (c) dem **anderen Teil** die Zahlungsunfähigkeit, die Überschuldung oder der Eröffnungsantrag **bekannt war** oder zumindest (bei gehöriger Sorgfalt) **hätte bekannt sein müssen**. Zulasten **naher Angehöriger** ist – in Bezug auf das subjektive Tatbestandselement – wiederum eine **Umkehr der Beweislast** vorgesehen. Das subjektive Element wird in den Fällen des § 31 IO nur beim Anfechtungsgegner, nicht auch beim Schuldner gefordert. Unter diesen allgemeinen Voraussetzungen sind nach § 31 IO folgende Rechtshandlungen anfechtbar:

a) Die **Sicherstellung oder Befriedigung** eines Insolvenzgläubigers (§ 31 Abs 1 Z 1 und 2, jeweils erster Fall IO). Die oben dargestellten weiteren Tatbestandsmerkmale (a–c) müssen im Zeitpunkt der Zahlung oder Sicherstellung erfüllt sein. Zahlungen und Sicherstellungen, die **Zug um Zug** erfolgt sind, können nach dieser Tatbestandsvariante ebenso wenig angefochten werden wie nach § 30 IO.

Beispiel: Die Hausbank erhält von ihrem Kunden vier Monate vor Insolvenzeröffnung eine Hypothek für einen bereits aushaftenden Kredit. Bei Einbringung des Grundbuchsantrags ist der Kunde zahlungsunfähig, was die Bank bei gehöriger Sorgfalt hätte erkennen müssen. Anfechtbar nach § 31 Abs 1 Z 2, erster Fall IO.

Gegenbeispiel: Die Begründung der Hypothek erfolgt **Zug um Zug** gegen Auszahlung der Kreditvaluta. Hier scheidet die Anfechtung nach § 31 Abs 1 Z 2, **erster Fall** IO aus (möglich bliebe allenfalls die Anfechtung als nachteiliges Rechtsgeschäft; siehe gleich unten).

b) Vom zahlungsunfähigen Schuldner mit Dritten eingegangene **nachteilige Rechtsgeschäfte.** Nach dieser Variante sind **auch Zug-um-Zug-Geschäfte** anfechtbar. Im Übrigen wird differenziert:

aa) **Unmittelbare Nachteiligkeit:** Wenn das (innerhalb der Sechs-Monats-Frist eingegangene) Rechtsgeschäft bereits **zum Zeitpunkt der Eingehung** (somit unmittelbar) **nachteilig** war, ist es nach § 31 Abs 1 Z 1 und 2, jeweils zweiter Fall IO anfechtbar, sofern dem anderen Teil beim Geschäftsabschluss die Zahlungsunfähigkeit (oder Überschuldung) des Schuldners bekannt war oder bekannt sein musste (leichte Fahrlässigkeit genügt; Beweislastumkehr bei nahen Angehörigen).

bb) **Mittelbare Nachteiligkeit:** Wenn die Nachteiligkeit des Rechtsgeschäfts erst nachträglich eintritt, ist – neben der Kenntnis oder fahrlässigen Unkenntnis der Zahlungsunfähigkeit – überdies erforderlich, dass der Eintritt eines Nachteils für die Insolvenzmasse **objektiv vorhersehbar** war. Letzteres wird insb angenommen, wenn ein **Sanierungskonzept offensichtlich untauglich** war (§ 31 Abs 1 Z 3 IO). Dieser Tatbestand ist nach seiner Zielrichtung insb auf Sanierungskredite zugeschnitten.

V. Geltendmachung des Anfechtungsrechts

1. Parteien des Anfechtungsprozesses

a) Der Anfechtungsanspruch kann – sofern ein **Insolvenzverwalter** bestellt ist – ausschließlich von diesem geltend gemacht werden (§ 37 Abs 1 IO). Zuvor hat er die **Äußerung des Gläubigerausschusses** einzuholen (§ 114 Abs 1 IO); bei Streitwerten über 100.000 Euro sind die Maßnahmen nach § 116 Abs 1 IO zu treffen.

b) **Sanierungsverfahren:** Die Anfechtung nach §§ 27 ff IO ist auch im **Sanierungsverfahren mit Eigenverwaltung** möglich; sie ist dem Sanierungsverwalter vorbehalten. Das Realisat aus der Anfechtung ist an den Sanierungsverwalter zu leisten und zur **Befriedigung der Gläubiger** zu verwenden (§ 172 Abs 1 Z 1 IO).

c) Wird ein **Sanierungsplan** vor erfolgreicher Durchsetzung des Anfechtungsanspruchs gerichtlich bestätigt, kann ein Treuhänder bestellt und diesem die (weitere) Geltendmachung übertragen werden (§ 157i Abs 1 IO). Dies gilt unabhängig davon, ob der Sanierungsplan in einem Konkurs- oder Sanierungsverfahren zustande kam. Erzielte Realisate sind **an die Insolvenzgläubiger** zu verteilen (im Zweifel ohne Anrechnung auf die Sanierungsplanquote).

d) **Schuldenregulierungsverfahren mit Eigenverwaltung:** Wenn im Schuldenregulierungsverfahren kein Insolvenzverwalter bestellt wurde, kann **jeder Insolvenzgläubiger** die Anfechtungsklage einbringen (§ 189 IO). Das Realisat aus der Anfechtung steht auch hier **der Insolvenzmasse** zu (zum Kostenersatz siehe § 189 Satz 2 und 3 IO). In der Praxis sind solche Fälle selten, weil zur Geltendmachung von Anfechtungsansprüchen idR ein **Insolvenzverwalter** (allenfalls mit hierauf beschränktem Geschäftskreis: § 190 Abs 2 IO) bestellt wird.

e) **Anfechtungsgegner** ist der Vertragspartner des Schuldners oder ein sonstiger Empfänger (bzw Begünstigter) der anfechtbaren Leistung. Entscheidend ist der wirtschaftliche Gesamtzusammenhang. Unter bestimmten Voraussetzungen steht die Anfechtung auch gegen **Gesamt- oder Einzelrechtsnachfolger** offen (vgl § 38 IO).

2. Art der Geltendmachung; Frist

Die Anfechtung ist durch **Klage, Einrede** (§ 43 Abs 1 IO), **Widerspruch** im exekutiven Verteilungsverfahren oder **Anmeldung im Insolvenzverfahren** des Anfechtungsgegners geltend zu machen.

Die **Anfechtungsklage** ist bei sonstigem Erlöschen des Anspruchs **innerhalb eines Jahres nach Eröffnung des Insolvenzverfahrens** zu erheben (**materielle Präklusivfrist**; § 43 Abs 2 IO). Sie muss am letzten Tag der Frist **beim Prozessgericht einlangen** (Postaufgabe am letzten Tag genügt nicht) und **gehörig fortgesetzt** werden (§ 1497 ABGB). Wiedereinsetzung in den vorigen Stand ist ausgeschlossen. Nach Ablauf der Jahresfrist sind **auch Klagsänderungen** präkludiert. Dagegen kann die **Anfechtungseinrede** auch nach Ablauf der Frist noch erhoben werden.

3. Begehren der Anfechtungsklage

Das **Begehren der Anfechtungsklage** ist auf **Unwirksamerklärung** der angefochtenen Rechtshandlung gegenüber den Insolvenzgläubigern gerichtet (Gestaltungsbegehren). In Verbindung damit ist idR ein **Leistungsbegehren** zu erheben, welches auf die **Rückleistung der angefochtenen Vermögensverschiebung** abzielt: Was durch die angefochtene Handlung dem Vermögen des Schuldners entgangen ist oder daraus veräußert oder aufgegeben wurde, muss in die Insolvenzmasse geleistet werden; ist dies nicht tunlich, so ist Geldersatz zu leisten (§ 39 Abs 1 IO). Nach der Rsp ist auch ein **bloßes Leistungsbegehren** (ohne Gestaltungsbegehren) ausreichend.

Umgekehrt ist in bestimmten Fällen ein **Begehren auf Rückgewährung** gar nicht erforderlich, wenn noch keine Vermögensverschiebung stattgefunden hat. Dann genügt das **Begehren auf Unwirksamerklärung** (zB bei Anfechtung einer Forderungsabtretung, sofern der Zessionar noch keine Leistung erhalten hat).

VI. Verhältnis zur Anfechtung nach der Anfechtungsordnung

Außerhalb eines Insolvenzverfahrens kann **jeder Gläubiger**, dem eine **vollstreckbare**, aber **uneinbringliche** Geldforderung zusteht, benachteiligende Rechtshandlungen des Schuldners anfechten. Die Voraussetzungen einer solchen Anfechtung richten sich nach den Bestimmungen der **Anfechtungsordnung** (sog Einzelanfechtung).

Während der **Anhängigkeit eines Insolvenzverfahrens** ist eine Einzelanfechtung idR nicht mehr zulässig: Die Befugnis einzelner Gläubiger zur Anfechtung nach der AnfO **erlischt**, wenn über das Vermögen des Schuldners das Insolvenzverfahren eröffnet wird (Ausnahme: § 37 Abs 5 IO). Im Insolvenzverfahren richtet sich die Anfechtung **nach §§ 27 ff IO**. Das bedeutet:

- Die Anfechtung wird idR durch den **Insolvenzverwalter** (ausnahmsweise durch einzelne Insolvenzgläubiger; siehe § 189 IO) geltend gemacht;
- der Anfechtungserfolg kommt nicht einzelnen Gläubigern, sondern der Insolvenzmasse zugute;
- die Palette der **Anfechtungstatbestände nach der IO** ist **reichhaltiger** als jene nach der AnfO (siehe §§ 2, 3 AnfO einerseits, §§ 28–31 IO andererseits).

Bei Insolvenzeröffnung behängende Prozesse nach der AnfO werden ex lege **unterbrochen**. Der Insolvenzverwalter kann anstelle des Gläubigers **in den Rechtsstreit eintreten** oder den Eintritt ablehnen. Im letzteren Fall kann er immer noch ein neues Verfahren einleiten und die betreffende Rechtshandlung nach den Bestimmungen der §§ 27 ff IO anfechten (siehe dazu § 37 Abs 2–4 IO). Für welche Variante er sich entscheidet, bestimmen prozesstaktische Gründe.

U. Verwertung des Insolvenzvermögens

Die **Verwaltung der Insolvenzmasse** und deren **Verwertung** erfolgt durch den **Insolvenzverwalter** (§ 114 Abs 1 IO). Diesen treffen teils **interne**, teils auch **nach außen wirksame Beschränkungen** (vgl einerseits §§ 114, 116, andererseits § 117 IO). Bei der Verwertung von Massevermögen kommt die

freihändige Veräußerung oder die **kridamäßige Versteigerung** in Betracht. Im Einzelnen gelten folgende Regeln:

I. Außergerichtliche (freihändige) Veräußerung

1. Allgemeines; Vorrang der außergerichtlichen Verwertung

Die **freihändige Veräußerung** der Massegegenstände ist im Regelfall die **lukrativere Variante**. Sie genießt daher den **Vorrang** vor der kridamäßigen Versteigerung (vgl § 119 Abs 1 IO). Folgende **Beschränkungen** sind zu beachten:

a) **Fälle des § 117 Abs 1 Z 1 und 2 IO:** Wenn das **Unternehmen als Ganzes** oder ein Unternehmensanteil des Schuldners veräußert oder verpachtet werden soll, ist zuvor **zwingend ein Gläubigerausschuss** zu bestellen und damit zu befassen. Gleiches gilt, wenn das gesamte **bewegliche Anlage- und Umlaufvermögen** (oder ein betriebsnotwendiger Teil davon) veräußert oder verpachtet werden soll (vgl § 88 Abs 1 IO). Solche Rechtsgeschäfte bedürfen zu ihrer Rechtswirksamkeit der **Genehmigung des Gläubigerausschusses** und des **Insolvenzgerichts** (siehe S 13). Die beabsichtigte Veräußerung (Verpachtung) ist **öffentlich bekannt zu machen** und die Frist des § 117 Abs 3 IO einzuhalten.

Im Einzelfall ist die für die Beteiligten **günstigste Art der Verwertung** zu bestimmen. Dabei ist zu berücksichtigen, dass die **Veräußerung des Unternehmens als Ganzes** idR lukrativer ist als dessen Zerschlagung mit Abverkauf der einzelnen Aktiva (vgl § 114a Abs 4 IO).

b) **§ 117 Abs 1 Z 3 IO:** Bei der freihändigen Veräußerung (Verpachtung) von **Liegenschaften** ist die Bestellung eines **Gläubigerausschusses nicht zwingend** vorgeschrieben. Die **Vorkehrungen nach § 117 IO** sind einzuhalten (Genehmigung durch den Gläubigerausschuss, falls ein solcher bestellt wurde, und durch das Insolvenzgericht; vorherige öffentliche Bekanntmachung; dazu S 14).

2. Mit Absonderungsrechten belastete Gegenstände

Masseunterworfene Gegenstände, die **mit Pfandrechten belastet** sind, kann der Insolvenzverwalter jederzeit durch **Bezahlung der Pfandschuld einlösen** (§ 120 Abs 1 IO). Dies kann sinnvoll sein, wenn der Insolvenzverwalter die Pfandsache freihändig verwerten will und die besicherte Forderung in ihrem Wert jedenfalls Deckung findet. In der Praxis ist diese Vorgangsweise selten.

Wenn der Insolvenzverwalter eine Pfandsache freihändig verwerten will, ohne die Pfandschuld einzulösen, hat er folgendes Procedere einzuhalten: Die **Absonderungsberechtigten** sind über den maßgeblichen Inhalt der beabsichtigten Verwertung zu **verständigen**. Sie können dagegen innerhalb von 14 Tagen **Widerspruch** erheben. Erfolgversprechend ist dies nur, wenn glaubhaft gemacht wird, dass die gerichtliche Veräußerung für den Widersprechenden **erheblich vorteilhafter** wäre (§ 120 Abs 2 IO). Über den Widerspruch entscheidet das Insolvenzgericht. Bleibt er erfolglos, wird die Veräußerung durchgeführt. Die **Lastenfreistellung** (Löschung der Pfandrechte) kann auch **ohne Zustimmung der Absonderungsberechtigten** durchgesetzt werden.

Bei freihändiger Veräußerung von Gegenständen, die mit **Absonderungsrechten** belastet sind, bildet der **Verkaufserlös eine Sondermasse**. Die Verteilung dieses Erlöses erfolgt durch das **Insolvenzgericht** im Rahmen einer **Verteilungstagsatzung**. In dieser wird über die erhobenen Ansprüche der Beteiligten verhandelt und entschieden. Die §§ 209 ff EO sind sinngemäß anwendbar. Das **Widerspruchsrecht** gegen die Berücksichtigung angemeldeter Forderungen (§ 213 EO) kommt auch dem Insolvenzverwalter zu; dieser kann auch gegen eine titulierte Forderung Widerspruch erheben (sofern sie im Insolvenzverfahren noch nicht festgestellt ist). Das Insolvenzgericht entscheidet mit **Verteilungs-beschluss**, und zwar nach folgenden Grundsätzen (§ 49 IO):

Vorab sind aus der Verteilungsmasse die **Kosten der besonderen Verwaltung** sowie die **Verwer-tungs- und Verteilungskosten** zu berichtigen. Danach kommen die **Pfand- und sonstigen Absonde-rungsrechte** zum Zug. Für deren Rangordnung gelten sinngemäß die Bestimmungen der EO, somit bei Verwertung beweglicher Sachen insb § 286 EO, bei Veräußerung unbeweglicher Sachen die §§ 216 ff EO.

3. (Zeitlich beschränkte) Aufschiebung der Exekution

Wenn ein **Absonderungsgläubiger** die **exekutive Verwertung** einer Sache betreibt, die gem § 120 Abs 2 IO **freihändig veräußert** werden soll, ermöglicht § 120a IO die (zeitlich beschränkte) **Aufschie-bung des Exekutionsverfahrens**. Damit soll Zeit für die **freihändige Verwertung** gewonnen werden. Die Aufschiebung ist auf **Antrag des Insolvenzverwalters** oder auf **Ersuchen des Insolvenzgerichts** anzuordnen; die Entscheidung liegt beim Exekutionsgericht. Wenn die (sofortige) Fortsetzung des Exe-kutionsverfahrens zur Abwendung **schwerer wirtschaftlicher Nachteile des Gläubigers** unerlässlich ist, darf die Aufschiebung nicht bewilligt werden.

Eine **Aufschiebung** nach § 120a Abs 1 IO kann **nur einmal beantragt** werden; sie wirkt für eine **Frist von 90 Tagen** (gerechnet ab dem Einlangen des Antrags/Ersuchens auf Aufschiebung). Wird die Sache innerhalb dieser Frist nicht veräußert, wird das **Exekutionsverfahren** auf Antrag des betreibenden Gläubigers **fortgesetzt**. Gleiches gilt, wenn der Gläubiger gegen die freihändige Verwertung **erfolg-reich Widerspruch** erhoben hat (in einem solchen Fall wird das Exekutionsverfahren bereits vor Ablauf der 90 Tage fortgesetzt).

Gelingt die freihändige Veräußerung, ist das **Exekutionsverfahren einzustellen** (§ 120a Abs 2 IO).

II. Kridamäßige Versteigerung

Eine **kridamäßige Verwertung** von Massegegenständen findet nur statt, wenn dies auf Antrag des In-solvenzverwalters **vom Insolvenzgericht beschlossen** wird (§ 119 Abs 1 IO). Sie bildet den Ausnahme-fall und darf nur bewilligt werden, wenn ihr **größere Erfolgsaussichten** beigemessen werden oder wenn eine freihändige Verwertung bereits **erfolglos versucht** wurde (siehe oben Pkt I).

Die gerichtliche Veräußerung wird **vom Insolvenzgericht bewilligt** und **vom Exekutionsgericht voll-zogen**. Die Bestimmungen der EO über die **Zwangsversteigerung** sind sinngemäß anzuwenden, je-doch mit folgenden Modifikationen (vgl im Einzelnen § 119 Abs 2 IO):

> a) Der **Insolvenzverwalter** hat im Versteigerungsverfahren die **Stellung eines betreibenden Gläubi-gers**; der Schuldner ist verpflichtete Partei und wird insofern nicht durch den Insolvenzverwalter ver-treten.
> b) Die **Sechs-Monats-Frist des § 200 Z 3 EO** sowie diverse andere Fristen sind nicht anwendbar.
> c) Die **Entlohnung des Insolvenzverwalters** für die Veräußerung einer **Sondermasse** richtet sich, auch wenn er Rechtsanwalt ist, nicht nach dem RATG, sondern nach § 82d IO.

Die **Verteilung des Erlöses** aus der Sondermasse obliegt dem **Exekutionsgericht** (§ 119 Abs 3 IO). Vorrangig werden die **Sondermassekosten** und die **Absonderungsrechte** nach ihrem bücherlichen Rang abgedeckt. Ein verbleibender **Überling** fließt in die allgemeine Insolvenzmasse.

Im **Schuldenregulierungsverfahren mit Eigenverwaltung** des Schuldners kann das **Insolvenzgericht** unbewegliche Sachen selbst veräußern oder das Exekutionsgericht um die gerichtliche Veräußerung ersuchen (§ 190 Abs 3 IO). Auch hier hat die außergerichtliche Verwertung den Vorrang.

III. Überlassung zur freien Verfügung

Der Gläubigerausschuss kann Forderungen, deren Eintreibung keinen Erfolg verspricht, und **Sachen von unbedeutendem Wert** aus der Insolvenzmasse **ausscheiden** und dem Schuldner zur freien Verfügung überlassen. Ein solcher Beschluss bedarf der **gerichtlichen Genehmigung** (§ 119 Abs 5 IO). Er bewirkt, dass die überlassenen Sachen unwiderruflich insolvenzfrei werden.

> **Beispiel:** Der Schuldner ist Eigentümer einer offenkundig mit Pfandrechten überlasteten Liegenschaft. Wenn ein Überschuss für die allgemeine Insolvenzmasse nicht zu erwarten ist, ist die Ausscheidung zulässig. In Zweifelsfällen darf nicht ausgeschieden werden.

> **Beachte:** Wenn ein Gegenstand rechtskräftig ausgeschieden ist, kann er später nicht mehr in die Insolvenzmasse einbezogen werden. Ebenso wenig kann der Insolvenzverwalter einen vom Schuldner erzielten Verkaufserlös für die Insolvenzmasse beanspruchen.

V. Die Verteilung des Masseerlöses

I. Allgemeines

Die **Verteilung des Masseerlöses** ist in §§ 128–138 IO geregelt. Unter Masseerlös wird dabei der Erlös aus der **allgemeinen Insolvenzmasse** verstanden (davon zu unterscheiden ist der Erlös aus einer Sondermasse).

Aus der **allgemeinen Insolvenzmasse** sind vorrangig die **Masseforderungen** zu befriedigen, danach die Insolvenzgläubiger. Wenn die vorhandenen Mittel nicht zur vollen Abdeckung der Masseforderungen ausreichen, gilt die **Rangordnung des § 47 Abs 2 IO**; diese Bestimmung unterteilt die Masseforderungen in sechs Klassen, die nacheinander zum Zug kommen (zu den Einzelheiten siehe § 47 IO und S 46 f).

Der nach vollständiger Abdeckung der Masseforderungen verbleibende Betrag ist **quotenmäßig** an die Insolvenzgläubiger zu verteilen. Die auszuschüttende **Insolvenzquote** errechnet sich nach dem Verhältnis des verteilbaren Erlöses zur Gesamtsumme der festgestellten Forderungen.

> **Beispiel:** Nach Abdeckung der Masseforderungen verbleibt für die Insolvenzgläubiger eine Verteilungsmasse von 500.000 Euro; die Gesamtsumme der Insolvenzforderungen beträgt 5 Mio Euro. Jeder Insolvenzgläubiger erhält 10 Prozent seiner Forderung als Verteilungsquote.

II. Arten der Verteilung

1. Abschlagsverteilungen

Mit der Befriedigung der **Insolvenzgläubiger** ist jedenfalls bis zum Ende der allgemeinen Prüfungstagsatzung zuzuwarten (§ 128 Abs 1 IO). Danach können Verteilungen so oft stattfinden, als etwas zu verteilen ansteht (§ 128 Abs 2 IO). Die Verteilung erfolgt durch den **Insolvenzverwalter** (vgl dazu S 72 f). An den Verteilungen nehmen die **angemeldeten Insolvenzforderungen** teil, wobei Folgendes zu beachten ist:

a) **Bestrittene untitulierte Forderungen** sind nur zu berücksichtigen, wenn die Frist für die Erhebung der Prüfungsklage noch offen ist oder wenn die Klage spätestens an jenem Tag, an dem der Insolvenzverwalter den Antrag auf Verteilung stellt, eingebracht wird. **Titulierte Forderungen** gelten nur dann als bestritten, wenn der Bestreitende den Widerspruch fristgerecht eingebracht hat (§ 131 Abs 3 und 4 IO). Sofern nach diesen Bestimmungen bestrittene Forderungen zu berücksichtigen sind, ist der auf sie entfallende Betrag bei Gericht zu **hinterlegen** (§ 131 Abs 1 und 2, § 133 Abs 1 IO). Dasselbe gilt für Beträge, die auf **bedingte Forderungen** entfallen. (Ausnahme: Bei einer auflösenden Bedingung kann der Gläubiger, wenn er Sicherheit leistet, den Antrag auf Auszahlung stellen; siehe §§ 16, 133 Abs 2 IO.)

b) Insolvenzgläubiger, denen **Absonderungsrechte** zustehen, sind vorerst, solange sie aus dem Erlös der Sondermasse keine Zuweisung erhalten haben, mit dem **ganzen Betrag ihrer Insolvenzforderung** zu berücksichtigen (§ 132 Abs 1 IO). Zeigt sich bei der nachfolgenden Verteilung des Sondermasse-Erlöses, dass solche Gläubiger bei der Verteilung im Insolvenzverfahren mehr als die Quote für den tatsächlichen Ausfall erhalten haben, ordnet § 132 Abs 2 IO eine **Refundierung aus der Sondermasse** an die Insolvenzmasse an (siehe dazu S 44 f).

c) Die **verspätete Anmeldung** einer Insolvenzforderung hat **keine Präklusivwirkung** im Hinblick auf vorangegangene Verteilungen: „Nachzügler", die bei einer früheren Verteilung unberücksichtigt geblieben sind, können verlangen, dass sie bei der nächstfolgenden Verteilung durch eine **Vorauszahlung** mit den übrigen Gläubigern gleichgestellt werden (§ 134 Abs 1 IO).

d) Im Gegensatz dazu haben Gläubiger **bestrittener Ansprüche**, welche die **Prüfungsklage** nicht rechtzeitig (innerhalb der Klagsfrist oder spätestens am Tag, an dem der Antrag auf Verteilung gestellt wird) eingebracht haben und aus diesem Grund bei einer Verteilung leer ausgehen, nach der (späteren) Einbringung der Klage **keinen Anspruch auf Ausgleich** bei nachfolgenden Verteilungen (§ 134 Abs 2 IO).

2. Schlussverteilung

Die **Schlussverteilung** findet statt, wenn die **Insolvenzmasse vollständig verwertet** und über alle bestrittenen Forderungen endgültig entschieden ist (§ 136 Abs 1 IO). Außerdem setzt die Schlussverteilung voraus, dass die Ansprüche des Insolvenzverwalters festgesetzt sind und dessen Schlussrechnung genehmigt ist. Auf die Schlussverteilung sind die oben (Pkt 1) dargestellten Verteilungsgrundsätze (§§ 130–135 IO) anzuwenden. Sie kann nur aufgrund eines **förmlichen Verteilungsentwurfs** vorgenommen werden (§ 136 Abs 2 IO).

3. Nachtragsverteilung

Nachtragsverteilungen finden statt, wenn **nach Genehmigung der Schlussverteilung** (ungenau § 138 Abs 1 IO) gerichtlich erlegte Beträge für die Insolvenzmasse frei werden, wenn sonst bezahlte Beträge in die Insolvenzmasse zurückfließen oder wenn nachträglich **massezugehöriges Vermögen** zum Vorschein kommt (§ 138 Abs 1 und 2 IO). Bei **Geringfügigkeit des zu verteilenden Betrages** kann dieser dem Schuldner überlassen werden (§ 138 Abs 3 IO), dann unterbleibt die Nachtragsverteilung. Insolvenzgläubiger, die **weniger als 10 Euro** erhalten würden, bleiben unberücksichtigt (§ 138 Abs 4 IO). Die Nachtragsverteilung erfolgt **durch den Insolvenzverwalter** mit Genehmigung des Insolvenzgerichts.

> **Beispiel:** Nach der Schlussverteilung kommt ein Wertpapierdepot zum Vorschein, das bereits im Insolvenzverfahren zu verwerten gewesen wäre. Dieses unterliegt der nachträglichen Verwertung und Verteilung nach § 138 Abs 2 IO.

III. Formlose und formgebundene Verteilung

1. Formlose Verteilung (§ 129 IO)

Eine solche kommt **in einfachen Fällen** für Abschlagsverteilungen in Betracht. Der Insolvenzverwalter legt mit Zustimmung des Gläubigerausschusses einen formfreien Verteilungsvorschlag vor, der lediglich die **Verteilungssumme** und die **Quote** enthält. Dieser Vorschlag kann vom Insolvenzgericht ohne vorherige Verständigung der Gläubiger genehmigt werden.

2. Formgebundene Verteilung

Eine formgebundene Verteilung ist vorgesehen, wenn **schwierigere Verteilungen** anstehen oder das Insolvenzgericht **Bedenken** gegen den Verteilungsvorschlag hegt. Die **Schlussverteilung** ist **stets formgebunden**.

Vorgangsweise bei formgebundenen Verteilungen: Der Insolvenzverwalter legt einen vom Gläubigerausschuss genehmigten **Verteilungsentwurf** vor (§ 129 Abs 2 IO), in dem sämtliche Forderungen, das Verteilungsvolumen sowie die auf die einzelnen Forderungen entfallenden Beträge anzuführen sind (§ 129 Abs 3 IO). Das Insolvenzgericht hat den Entwurf zu prüfen, allenfalls zu berichtigen und sodann dessen Vorlage sowie die darin vorgesehene Verteilungsquote **öffentlich bekannt zu machen**. Der Schuldner und die Gläubiger sind mit dem Hinweis zu verständigen, dass es ihnen freisteht, Einsicht zu nehmen und **binnen 14 Tagen** allfällige **Erinnerungen** vorzubringen (§ 130 Abs 1 IO), über die **in einer Tagsatzung** zu verhandeln ist. Der Verteilungsentwurf ist zu genehmigen, wenn keine Bedenken dagegen bestehen und wenn Erinnerungen nicht vorgebracht oder bei der Tagsatzung zurückgezogen worden sind (§ 130 Abs 2 IO). Über aufrecht gebliebene **Erinnerungen** entscheidet das Gericht (siehe gleich unten).

IV. Verbindung der Tagsatzung über die Schlussverteilung und Rechnungslegung

In der Praxis wird die Tagsatzung über die **Schlussverteilung** idR mit jener über die **Schlussrechnung** (§ 121 Abs 3 IO) **verbunden**. Die Tagsatzung ist **öffentlich bekannt zu machen** (§ 121 Abs 3 IO). Der Insolvenzverwalter, der Schuldner, die Gläubiger sowie die Mitglieder des Gläubigerausschusses sind gesondert zu dieser Tagsatzung zu laden. Schuldner und Gläubiger können **in die Rechnung Einsicht nehmen** und bei der Tagsatzung oder bereits vorher durch Schriftsatz **Bemängelungen** gegen diese vorbringen (§ 121 Abs 3 IO). Ebenso können sie **in den Verteilungsentwurf Einsicht** nehmen und binnen 14 Tagen **Erinnerungen** dagegen anbringen (§ 130 Abs 1 IO).

Im Fall eines **Sanierungsplans** hat der Insolvenzverwalter die Rechnung spätestens **14 Tage vor der Sanierungsplantagsatzung** zu legen und in der Tagsatzung zu ergänzen (§ 145b IO). Die Sanierungsplantagsatzung ist zugleich auch Tagsatzung über die Rechnungslegung. Damit soll erreicht werden, dass nach der Sanierungsplantagsatzung **keine weiteren Gerichtstermine** anberaumt werden müssen. Diese Bestimmung gilt auch für Zahlungsplantagsatzungen (siehe § 193 Abs 1 IO).

Wenn gegen die **Schlussrechnung** und den **Verteilungsentwurf keine Bedenken** bestehen und auch **keine Bemängelungen bzw Erinnerungen** vorgebracht wurden, hat das Gericht beides zu **genehmigen** (§ 122 Abs 1, § 130 Abs 2 IO). Über aufrechte Bemängelungen bzw Erinnerungen entscheidet das Insolvenzgericht nach Vornahme der erforderlichen, von Amts wegen durchzuführenden (§ 254 Abs 5 IO) Erhebungen mit Beschluss; der **streitige Rechtsweg** ist **ausgeschlossen** (§ 122 Abs 2, § 130 Abs 3 IO).

Die Entscheidung des Gerichts ist **öffentlich bekannt zu machen** (Insolvenzdatei) und dem Insolvenzverwalter sowie dem Schuldner zuzustellen (§ 122 Abs 3, § 130 Abs 4 IO).

V. Vollzug der Schlussverteilung; Aufhebung des Insolvenzverfahrens

Wenn es nicht zu einem Zahlungsplan, Sanierungsplan oder Abschöpfungsverfahren kommt, ist das Insolvenzverfahren, nachdem der **Vollzug der Schlussverteilung** (Auszahlung laut Verteilungsentwurf an die Gläubiger) **nachgewiesen** ist (§ 135 IO), aufzuheben (§ 139 IO).

W. Überblick: Sanierungsmöglichkeiten im Insolvenzverfahren

1. Sanierungsplan: Nach der alten KO konnte der Schuldner den Gläubigern den Abschluss eines **Zwangsausgleichs** vorschlagen, der bei Erreichen der erforderlichen Gläubigermehrheiten und gerichtlicher Bestätigung rechtswirksam wurde. Die IO hat diese Möglichkeit grundsätzlich beibehalten, die Bezeichnung jedoch auf **„Sanierungsplan"** umgestellt und die Bestimmungen punktuell geändert (§§ 140 ff IO).

Der **Sanierungsplan** steht grundsätzlich **allen Schuldnern** offen, somit natürlichen und juristischen Personen, eingetragenen Personengesellschaften und Verlassenschaften. Ausnahmen sind jedoch für Kreditinstitute (§ 82 Abs 1 BWG), Versicherungsunternehmen (§ 95 Abs 2 VAG), Wertpapierfirmen und Wertpapierdienstleistungsunternehmen (§ 80 Abs 1 WAG) vorgesehen.

Der Sanierungsplan kann zugleich **mit dem Antrag auf Eröffnung** des Insolvenzverfahrens oder danach **während dessen Dauer** beantragt werden; er zielt auf einen teilweisen Schuldnachlass, verbunden mit einer Stundung, ab. Die Insolvenzgläubiger müssen zumindest **20 Prozent ihrer Forderungen** erhalten (gesetzliche **Mindestquote**). Einzelne Gläubiger können, sofern der Vorschlag die **erforderlichen Mehrheiten** erreicht (Kopf- und Summenmehrheit), überstimmt werden. Die **Verwertung des schuldnerischen Vermögens** ist nicht Voraussetzung. Näheres zum Sanierungsplan siehe Pkt X.

> **Beachte:** Vom **Sanierungsplan** zu unterscheiden ist das **Sanierungsverfahren**. Ein solches liegt nur vor, wenn der Schuldner selbst die Insolvenzeröffnung beantragt und **bereits mit dem Eröffnungsantrag den Sanierungsplan vorlegt** (§ 167 Abs 1 IO). Für das **Sanierungsverfahren** gelten einige **Spezialvorschriften**, und zwar für alle Sanierungsverfahren die §§ 166–168 IO, für **Sanierungsverfahrens mit Eigenverwaltung** überdies die §§ 169–179 IO. Subsidiär sind auch auf das Sanierungsverfahren die allgemeinen Bestimmungen der IO anzuwenden. Das Sanierungsverfahren ist **natürlichen Personen**, die **kein Unternehmen** betreiben, versperrt (§ 166 IO e contrario); wohl aber können auch sie im Rahmen des Konkursverfahrens einen **Sanierungsplan** beantragen. Näheres zum Sanierungsverfahren vgl S 81 ff.

2. Zahlungsplan: Alternativ zum Sanierungsplan können **natürliche Personen** (und zwar gleichgültig, ob sie ein Unternehmen betreiben oder nicht) einen **Zahlungsplan** anbieten (§§ 193 ff IO). Die Abstimmung über diesen ist grundsätzlich erst **nach der Vermögensverwertung** zulässig. Für den Zahlungsplan ist – im Gegensatz zum Sanierungsplan – keine **prozentuell festgelegte Mindestquote** vorgeschrieben. Die **Angemessenheit der Quote** richtet sich nach der (voraussichtlichen) Einkommenslage des Schuldners in den kommenden fünf Jahren (sog „relative Mindestquote"). Soweit die §§ 193 ff IO nichts anderes vorsehen, gelten für den **Zahlungsplan** die Bestimmungen über den **Sanierungsplan** (§ 193 Abs 1 IO). Zum Zahlungsplan siehe S 86 ff.

3. Abschöpfungsverfahren: Für den Fall, dass ein (zulässiger) Zahlungsplan nicht zustande kommt, kann der Schuldner bereits vorab die **Einleitung des Abschöpfungsverfahrens** beantragen (§§ 199 ff IO). Eine Abstimmung über die Einleitung ist nicht vorgesehen, doch können die Insolvenzgläubiger Einleitungshindernisse geltend machen.

Ebenso wie der Zahlungsplan steht auch das **Abschöpfungsverfahren** nur **natürlichen Personen** (Unternehmern wie Nicht-Unternehmern) offen. Ziel ist die Erlangung der **Restschuldbefreiung**. Um diese zu erreichen, hat der Schuldner während des Abschöpfungsverfahrens bestimmte **Obliegenheiten** zu beachten. Überdies muss bis zum Ende des Verfahrens eine **Mindestquote** (idR 10 Prozent) erzielt werden; gelingt dies nicht, kann die Restschuldbefreiung unter bestimmten Voraussetzungen dennoch (im Rahmen einer Billigkeitsentscheidung) erteilt werden. Einzelheiten siehe S 89 ff.

X. Der Sanierungsplan (§§ 140 ff IO)

I. Allgemeines

Der Schuldner kann bereits **gleichzeitig mit dem Antrag auf Eröffnung des Insolvenzverfahrens** oder danach **bis zu dessen Aufhebung** einen **Antrag** auf **Abschluss eines Sanierungsplans** stellen (§ 140 Abs 1 IO).

Der **Vorteil für den Schuldner** liegt auf der Hand. Jener für die **Gläubiger** liegt darin, dass sie bei Abschluss eines Sanierungsplans idR immer noch besser abschneiden als bei der Verwertung und Verteilung der Masse.

II. Antragstellung; Zulässigkeit des Antrags

1. Die Initiative zum Sanierungsplan geht vom **Schuldner** aus; nur er ist **antragslegitimiert**. Im Antrag ist anzugeben, wie die Gläubiger befriedigt oder sichergestellt werden (§ 140 Abs 1 IO).

2. Sofern der **Antrag zulässig** ist, kann das Gericht beschließen, dass die **Verwertung der Insolvenzmasse** bis zur Entscheidung über den Sanierungsplan **sistiert** wird (§ 140 Abs 2 IO). Zur Vorgangsweise, wenn bei der Berichtstagsatzung noch kein Sanierungsplan vorliegt, siehe § 114b IO (dazu unten S 77).

3. § 141 Abs 2 IO sieht einige **Unzulässigkeitsgründe** vor, die teils an die Person oder das Verhalten des Schuldners, teils an den Inhalt des vorgeschlagenen Sanierungsplans anknüpfen.

> **Beispiele:** Der Sanierungsplan ist unzulässig, wenn der Schuldner flüchtig ist oder wegen betrügerischer Krida (§ 156 StGB) rechtskräftig verurteilt wurde; solange der Schuldner trotz eines Auftrags das Vermögensverzeichnis nicht vorgelegt und nicht vor dem Insolvenzgericht unterfertigt hat; weiters ist der Sanierungsplan unzulässig, wenn sein Inhalt gegen die §§ 149–151 IO oder gegen zwingende Rechtsvorschriften verstößt (zB Unterschreiten der gesetzlichen Mindestquote); wenn der Sanierungsplan missbräuchlich vorgeschlagen wird, insb wenn er offenbar Verschleppungszwecken dient; wenn seine Erfüllung offensichtlich nicht möglich sein wird.

Wenn einer der **Unzulässigkeitsgründe nach § 141 Abs 2 IO** vorliegt, ist der Sanierungsplanantrag **zwingend zurückzuweisen.** Gleiches gilt bei Verstößen gegen die **inhaltlichen Vorgaben** des § 141 Abs 1 IO.

§ 142 IO enthält einige **weitere Zurückweisungsgründe**, deren Wahrnehmung allerdings nur **fakultativ** ist (hier ist dem Insolvenzgericht **Ermessen** eingeräumt). Vor der Entscheidung sind der Insolvenzverwalter und der Gläubigerausschuss einzuvernehmen.

> **Beispiele:** Über das Vermögen des Schuldners wurde in den letzten fünf Jahren ein Insolvenzverfahren eröffnet oder mangels kostendeckenden Vermögens nicht eröffnet; die geschäftlichen Aufzeichnungen des Schuldners sind mangelhaft und lassen keinen hinreichenden Überblick über seine Vermögenslage zu; die Gläubiger haben bereits einen vorgeschlagenen Sanierungsplan abgelehnt.

III. Inhalt des Sanierungsplanantrags

Bei der Formulierung des Sanierungsplanvorschlags sind folgende **gesetzlichen Vorgaben** zu beachten:

1. Die Rechte der **Aus- und Absonderungsberechtigten** dürfen durch den Sanierungsplan nicht berührt werden (§ 149 Abs 1 IO). Forderungen, die durch Absonderungsrechte zum Teil gedeckt sind, nehmen mit dem **Ausfall** am Sanierungsplan teil (solange dieser nicht endgültig feststeht, mit dem mutmaßlichen Ausfall).

Neu seit 1. 7. 2010: Wird der Sanierungsplan bestätigt, so sind die gesicherten Forderungen **mit dem Wert der Sache**, an der das Absonderungsrecht besteht, begrenzt (§ 149 Abs 1 Satz 2 IO). Dies ist für jene Fälle bedeutsam, in denen es nicht zur Verwertung der Absonderungssache kommt.

2. Die **Massegläubiger** sind voll zu befriedigen (§ 150 Abs 1 IO).

3. Die **Insolvenzgläubiger** sind im Sanierungsplan **gleich zu behandeln**. Eine ungleiche Behandlung ist ausnahmsweise dann zulässig, wenn die Zurückgesetzten mit den gesetzlichen Mehrheiten zustimmen (§ 150 Abs 2 IO). Die (außergerichtliche) **Zusage von Sondervorteilen** an einzelne Gläubiger ist **unwirksam**; wenn aufgrund einer solchen Zusage Leistungen erbracht wurden, können sie **zurückgefordert** werden (§ 150a IO).

4. Den Insolvenzgläubigern muss eine Quote von **mindestens 20 Prozent** angeboten werden (gesetzliche Mindestquote); die **gesamte Quote** ist längstens binnen **zwei Jahren** ab Annahme des Sanierungsplans zu bezahlen. Natürliche Personen, die **kein Unternehmen** betreiben, können eine **längere Zahlungsfrist**, maximal jedoch eine solche von **fünf Jahren** anbieten; auch in diesen Fällen beträgt die Mindestquote **20 Prozent** (§ 141 Abs 1 IO).

> **Beispiele für zulässige Vorschläge:** Die Insolvenzgläubiger erhalten 20 Prozent (oder mehr), zahlbar in zwei Jahren ab Annahme; 20 Prozent, zahlbar in vier gleichen Raten, wobei die erste Rate sechs Monate nach Annahme des Sanierungsplans fällig ist, die weiteren Raten jeweils im Abstand von sechs Monaten. Bei einem Nicht-Unternehmer: 20 Prozent (oder mehr), zahlbar in fünf Jahren etc.

> **Beispiele für unzulässige Vorschläge:** Die Insolvenzgläubiger erhalten 10 Prozent; oder ein Unternehmer bietet seinen Gläubigern eine Quote von 30 Prozent an, davon zahlbar 20 Prozent binnen zwei Jahren, die restlichen 10 Prozent in drei Jahren ab Annahme (gem § 141 Abs 1 IO muss die *gesamte Quote* – auch soweit sie die Mindestquote überschreitet – innerhalb der gesetzlichen Maximalfrist angeboten werden).

Ein Sanierungsplanantrag, dessen Inhalt diesen **Mindesterfordernissen** nicht entspricht, ist zurückzuweisen.

IV. Stellungnahme des Insolvenzverwalters; Fristsetzung; Verwertungsverbot

Der **Insolvenzverwalter** hat spätestens bis zur **Berichtstagsatzung** zu prüfen, ob ein **Sanierungsplan** dem **gemeinsamen Interesse der Insolvenzgläubiger** entspricht und **voraussichtlich erfüllbar** sein wird (§ 81a Abs 3 Z 2 IO), und in der Berichtstagsatzung darüber zu berichten (§ 114b Abs 1 IO).

Besonderheit im Sanierungsverfahren: Wenn der Schuldner bereits mit dem Eröffnungsantrag einen Sanierungsplan vorgelegt hat, bezieht sich die Prüfpflicht des Verwalters auf diesen (konkreten) Sanierungsplan. Das Insolvenzgericht hat die **Sanierungsplantagsatzung** bereits **bei Insolvenzeröffnung** anzuberaumen, und zwar idR auf **60–90 Tage** (§ 168 Abs 1 IO). Das Unternehmen ist erst zu verwerten, wenn der Sanierungsplan nicht innerhalb von **90 Tagen** ab Eröffnung des Insolvenzverfahrens angenommen wird (§ 168 Abs 1 und 2 IO).

Vorgangsweise in anderen Fällen: Hat der Schuldner bis zur Berichtstagsatzung noch keinen Sanierungsplan beantragt, gilt Folgendes: Wenn das Insolvenzgericht die Fortführung des Unternehmens beschließt und ein (voraussichtlich erfüllbarer) Sanierungsplan dem gemeinsamen Interesse der Insolvenzgläubiger entspricht, ist dem Schuldner auf seinen Antrag eine **Frist von maximal 14 Tagen** für die Vorlage des Sanierungsplans einzuräumen. Solange diese Frist läuft, darf das Unternehmen nicht verwertet werden (§ 114b Abs 2 IO). Die Beschlüsse sind öffentlich bekannt zu machen.

Wenn der Schuldner den **Sanierungsplan fristgerecht beantragt**, hat das Gericht **binnen sechs Wochen** eine **Tagsatzung** zur Abstimmung anzuberaumen. Das Unternehmen darf gem § 114c Abs 1 IO erst verwertet werden, wenn der Sanierungsplan nicht **binnen 90 Tagen angenommen** wird, wenn er nicht dem gemeinsamen Interesse der Gläubiger entspricht oder wenn die Voraussetzungen für eine Fortführung des Unternehmens weggefallen sind.

V. Sanierungsplantagsatzung

1. Anberaumung

Zur **Verhandlung und Beschlussfassung über den Sanierungsplan** hat das Insolvenzgericht eine **Tagsatzung** (Sanierungsplantagsatzung) anzuberaumen. Im **Sanierungsverfahren** ist diese Tagsatzung bereits **zugleich mit der Eröffnung des Insolvenzverfahrens** anzuberaumen, und zwar idR auf 60–90 Tage nach der Insolvenzeröffnung (§ 168 Abs 1 IO).

Die Sanierungsplantagsatzung darf **nicht vor der Prüfungstagsatzung** stattfinden (die Verbindung in einem Termin ist jedoch zulässig); sie ist mit der **Rechnungslegungstagsatzung** zu verbinden (§ 145 Abs 1 IO). Die Tagsatzung ist **öffentlich bekannt zu machen**, ebenso der wesentliche Inhalt des vorgeschlagenen Sanierungsplans (§ 145 Abs 2 IO).

Der **Schuldner** muss zu dieser Tagsatzung **persönlich erscheinen**. Seine Vertretung ist nur ausnahmsweise zulässig, wenn er **aus wichtigem Grund verhindert** ist. Ungerechtfertigtes Nichterscheinen gilt als **Zurückziehung des Antrags** (§ 145 Abs 3 IO).

2. Zurückziehung und Änderung des Antrags

Eine **Zurückziehung des Sanierungsplanantrags** ist auch nach Beginn der Sanierungsplantagsatzung zulässig. Der Vorschlag kann in der Tagsatzung auch noch **geändert** oder ein **neuer Vorschlag** unterbreitet werden. In einem solchen Fall darf das Gericht, sofern nicht alle stimmberechtigten Gläubiger anwesend sind, die Abstimmung in derselben Tagsatzung nur zulassen, wenn der geänderte oder neue Vorschlag für die Insolvenzgläubiger **nicht ungünstiger** ist als der ursprüngliche (§ 145a IO). Andernfalls kommt eine Erstreckung in Betracht.

3. Stimmrecht

Stimmberechtigt sind nur die **Insolvenzgläubiger**. Kein Stimmrecht haben Gläubiger, deren Rechte durch den Inhalt des Sanierungsplans **keinen Abbruch** erleiden (§ 143 Abs 1 IO).

Im Übrigen gilt **§ 93 IO**: Stimmberechtigt sind somit die Gläubiger der **festgestellten Insolvenzforderungen**. **Absonderungsgläubigern** wird ein Stimmrecht nur gewährt, soweit sie dies begehren, und nur in Höhe des voraussichtlichen Ausfalls. Zur Stimmrechtsentscheidung in strittigen Fällen siehe Pkt 4.

Mehrere Insolvenzgläubiger, denen eine Forderung **gemeinschaftlich** zusteht oder deren Forderungen bis zur Eröffnung des Insolvenzverfahrens nur eine einzige Forderung gebildet haben, haben **nur eine Stimme**. Personen mit gemeinschaftlichem Stimmrecht müssen sich über dessen Ausübung einigen (§ 144 Abs 1 und 2 IO).

Ebenso hat auch ein Gläubiger, der **mehrere Forderungen** angemeldet hat, grundsätzlich nur eine Stimme. **Ausnahme:**

Der Gläubiger hat die Forderung nach Eröffnung des Insolvenzverfahrens erworben; sofern ihm dafür gem § 94 IO überhaupt ein Stimmrecht gebührt, hat er auch die Stimme jenes Gläubigers, dem die Forderung vor Eröffnung des Insolvenzverfahrens zustand (§ 144 Abs 3 IO).

> **Beispiel:** Mehrere Stimmen hat insb der Insolvenz-Entgelt-Fonds für die durch Legalzession (§ 11 IESG) auf ihn übergegangenen Forderungen der Arbeitnehmer.

4. Beschlussfähigkeit; Erfordernisse für die Annahme

a) Die **Beschlussfähigkeit** ist bereits gegeben, wenn zumindest **ein Gläubiger** (mit einer beliebig hohen Forderung) anwesend ist.

b) Für die **Annahme des Sanierungsplans** müssen **zwei Mehrheiten** erreicht werden (Kopf- und Kapitalmehrheit). Dem Antrag müssen

- **mehr als die Hälfte** der anwesenden stimmberechtigten Insolvenzgläubiger zustimmen und

- die zustimmenden Gläubiger müssen mehr als **50 Prozent** der Gesamtsumme der Forderungen der anwesenden stimmberechtigten Insolvenzgläubiger auf sich vereinigen (§ 147 Abs 1 IO).

> **Beachte:** Nach früherer Rechtslage war für die **Kapitalmehrheit** die Zustimmung von zumindest **75 Prozent** erforderlich. Insoweit hat das IRÄG 2010 eine wesentliche **Erleichterung für das Zustandekommen eines Sanierungsplans** (oder auch Zahlungsplans) gebracht. Eine Kapitalminderheit soll einen von der Kopf- und Kapitalmehrheit gebilligten Sanierungsplan nicht verhindern können.

Der Sanierungsplan ist nur angenommen, wenn **beide Mehrheiten**, somit sowohl die **Kopf- als auch die Kapitalmehrheit**, erreicht werden.

Nahe Angehörige werden bei der Berechnung der beiden Mehrheiten nur mitgezählt, wenn sie **gegen den Sanierungsplan** gestimmt haben (§ 148 IO).

Stimmrechtsentscheidung: Gläubiger, deren Forderungen **noch nicht geprüft, bestritten** oder **bedingt** sind, sowie Ausfallsgläubiger **nehmen zunächst an der Abstimmung teil.** Wenn deren Ergebnis von den Stimmen solcher Gläubiger abhängt, hat das Insolvenzgericht darüber zu entscheiden, **ob und in welchem Umfang die Stimme dieses Gläubigers zählt** (§ 93 Abs 4 IO). Eine solche Entscheidung ist (ungeachtet des Rechtsmittelausschlusses gem § 93 Abs 4 IO) im Rekurs über den Bestätigungsbeschluss **voll überprüfbar.**

Die **Annahme des Sanierungsplans** samt seinem wesentlichen Inhalt ist **öffentlich bekannt zu machen** (§ 147 Abs 1 letzter Satz IO).

5. Erstreckung der Sanierungsplantagsatzung (§ 147 Abs 2, § 148a IO)

a) Wird nur **eine der Mehrheiten** erreicht, kann der Schuldner beantragen, dass bei einer **neuerlichen Tagsatzung** nochmals über den Antrag abgestimmt wird (§ 147 Abs 2 IO). Zu dieser sind auch die bei der ersten Tagsatzung nicht anwesenden Gläubiger wiederum zu laden. Die Gläubiger sind bei der neuerlichen Abstimmung nicht an ihre früheren Erklärungen gebunden (§ 147 Abs 3 IO).

b) Die **Sanierungsplantagsatzung** kann auch **erstreckt** werden, wenn der Schuldner in der Tagsatzung seinen **Vorschlag ändert** oder einen neuen Vorschlag erstattet und das Gericht die sofortige Abstimmung hierüber nicht zulässt (siehe dazu § 145a IO); ebenso, wenn zu erwarten ist, dass die Erstreckung der Tagsatzung zur Annahme des Sanierungsplans führen wird (§ 148a IO).

VI. Gerichtliche Bestätigung des Sanierungsplans

Der von den Insolvenzgläubigern **angenommene Sanierungsplan** bedarf der **gerichtlichen Bestätigung**. Wenn diese erteilt wird, hat der Beschluss die **wesentlichen Bestimmungen** des Sanierungsplans anzuführen (§ 152 Abs 2 IO). Die Entscheidung über die Bestätigung (somit deren Erteilung oder Versagung) ist allen Insolvenzgläubigern sowie den sonstigen Beteiligten zuzustellen und **öffentlich bekannt zu machen** (§ 152 Abs 3 IO). Bei Bekanntmachung eines Bestätigungsbeschlusses ist auch der wesentliche Inhalt des Sanierungsplans anzuführen (wichtig für den Beginn der Rekursfrist).

§ 152a IO statuiert einige (positive) **Voraussetzungen für die Bestätigung**. Diese darf erst erteilt werden, wenn

- die **Entlohnung des Insolvenzverwalters** und die Belohnungen der Gläubigerschutzverbände gerichtlich festgesetzt und bezahlt oder zumindest sichergestellt sind,
- die fälligen und feststehenden sonstigen **Masseforderungen befriedigt** wurden (gerichtlich geltend gemachte Masseforderungen sind sicherzustellen) und
- die **im Sanierungsplan festgesetzten Bedingungen** für die Bestätigung erfüllt sind.

Daneben statuiert die IO einige Gründe, deren Vorliegen **zwingend** (§ 153 IO) oder **fakultativ** (§ 154 IO) zur **Versagung der Bestätigung** führt (führen kann).

> **Beispiele für zwingende Versagungsgründe:** Dem Sanierungsplan ist die Bestätigung zu versagen, wenn bereits der Antrag unzulässig war (zB bei Unterschreitung der gesetzlichen Mindestquote; wenn der Schuldner flüchtig ist); ebenso, wenn bestimmte für das Verfahren und den Abschluss des Sanierungsplans geltende Vorschriften nicht beachtet wurden (außer der Mangel wäre behebbar); wenn der Sanierungsplan durch eine verbotene Sonderbegünstigung eines Gläubigers zustande kam.

> **Beispiele für fakultative Versagungsgründe:** Die Bestätigung kann versagt werden, wenn der Sanierungsplan in Widerspruch mit den Verhältnissen des Schuldners steht (zB wenn er mehr anbieten könnte); wenn er dem gemeinsamen Interesse der Insolvenzgläubiger widerspricht; wenn die Insolvenzgläubiger weniger als 30 Prozent ihrer Forderungen erhalten und dieses Ergebnis darauf zurückzuführen ist, dass der Schuldner seinen Vermögensverfall durch Unredlichkeit, Leichtsinn oder übermäßigen Aufwand verursacht oder beschleunigt hat.

Die **Entscheidung**, mit der der **Sanierungsplan bestätigt** oder die **Bestätigung versagt** wird, kann mit **Rekurs angefochten** werden; zur Rekurslegitimation siehe § 155 IO.

VII. Rechtswirkungen des Sanierungsplans

Durch den **rechtskräftig bestätigten Sanierungsplan** wird der Schuldner von dem die Sanierungsplanquote übersteigenden Teil seiner Verbindlichkeiten **befreit** (insoweit bleibt lediglich eine **Naturalobligation**). Zahlt der Schuldner die im Sanierungsplan festgesetzte Quote seiner Schulden, so gelten diese als vollständig getilgt.

Diese **Wirkungen** erstrecken sich auf **alle Insolvenzgläubiger**, auch auf jene, die an der Abstimmung gar nicht teilgenommen oder gegen den Sanierungsplan gestimmt haben (§ 156 Abs 1 IO; Ausnahme: § 156 Abs 4 IO). In gleicher Weise wird der Schuldner auch gegenüber **Bürgen und Regressberechtigten** befreit (§ 156 Abs 2 IO).

VIII. Verzugsfolgen

Gerät der Schuldner mit der **Erfüllung des Sanierungsplans** in **(qualifizierten) Verzug**, so werden sowohl der Forderungsnachlass als auch die sonstigen im Sanierungsplan gewährten Vergünstigungen gegenüber den betroffenen Gläubigern hinfällig (**Wiederaufleben** der Forderung und **Terminverlust**). Ein solcher Verzug ist erst anzunehmen, wenn der Schuldner **eine fällige Quote nicht bezahlt** hat, obwohl ihn der Gläubiger unter Setzung einer mindestens **14-tägigen Nachfrist schriftlich gemahnt** hat (§ 156a Abs 1 und 2 IO).

Ist der Schuldner eine **natürliche Person, die kein Unternehmen betreibt**, und ist die Quote in **Raten** mit einer **Laufzeit von mehr als einem Jahr** zu zahlen, treten die Verzugsfolgen nur ein, wenn die Verbindlichkeit **seit sechs Wochen fällig** ist und trotz schriftlicher Mahnung unter Einräumung einer **14tägigen Nachfrist** nicht bezahlt wurde.

Von den Bestimmungen über die **qualifizierte Mahnung** kann im Sanierungsplan **nicht zum Nachteil des Schuldners** abgewichen werden (vgl § 156a Abs 4 IO).

Quotenmäßiges Wiederaufleben: Forderungen, die bereits mit der vollen Sanierungsplanquote befriedigt wurden, leben nicht wieder auf. Wurde für eine Forderung die **im Sanierungsplan festgesetzte Quote teilweise bezahlt** und gerät der Schuldner mit dem Rest in Verzug, so gilt die Gesamtforderung mit jenem Bruchteil als getilgt, der dem Verhältnis des bezahlten Betrages zur Gesamtquote entspricht (§ 156a Abs 3 IO).

> **Beispiel:** Gläubiger G hat eine Insolvenzforderung in Höhe von 1 Mio Euro, die Sanierungsplanquote beträgt 32 Prozent, zahlbar in 4 gleichen Raten. Nach Zahlung von 3 Raten gerät der Schuldner mit der 4. Rate in Verzug. Von der Sanierungsplanquote (320.000 Euro) sind drei Viertel (240.000 Euro) bezahlt. Die Insolvenzforderung gilt mit drei Viertel der Gesamtforderung als getilgt; ein Viertel der Gesamtforderung (250.000 Euro) lebt wieder auf.

Relativ zwingendes Recht: Der Sanierungsplan kann auch von dieser Bestimmung grundsätzlich **nicht zum Nachteil des Schuldners abweichen**. Insb kann nicht wirksam festgelegt werden, dass die Insolvenzforderungen im Fall des Verzuges nicht nur quotenmäßig, sondern mit dem **gesamten offenen Betrag** wieder aufleben.

> **Ausnahme:** Eine abweichende Regelung zum Nachteil des Schuldners (insb **gänzliches Wiederaufleben**) ist wirksam, wenn der Schuldner in den letzten fünf Jahren vor Insolvenzeröffnung bereits einen Sanierungsplan abgeschlossen hat (§ 156a Abs 4 IO).
>
> Im obigen **Beispiel** würde bei gänzlichem Wiederaufleben nicht bloß ein Viertel der Gesamtforderung (250.000 Euro), sondern die **gesamte noch offene Insolvenzforderung** aufleben (1 Mio Euro zuzüglich Zinsen abzüglich der geleisteten Zahlungen in Höhe von 240.000 Euro).

IX. Aufhebung des Insolvenzverfahrens nach Bestätigung des Sanierungsplans

Im Fall der **Bestätigung des Sanierungsplans** ist zugleich auch über die **Rechnungslegung** abzusprechen. Mit Rechtskraft des Bestätigungsbeschlusses ist das **Insolvenzverfahren** ex lege **aufgehoben** (§ 152b Abs 1 und 2 IO). Es bedarf somit keines gesonderten Aufhebungsbeschlusses.

Für die Zeit nach Aufhebung des Insolvenzverfahrens kann der Sanierungsplan Folgendes vorsehen:

- Überwachung durch eine im Sanierungsplan bezeichnete Person als **Treuhänder** (§§ 157a–157f IO);
- Überwachung durch einen **Treuhänder,** an welchen **Vermögen des Schuldners übergeben** wird (hat der Treuhänder das übergebene Vermögen nur zu verwalten, gelten neben §§ 157a–157f IO auch die §§ 157g und 157h IO, bei Übergabe von Vermögen zur Verwertung überdies auch die §§ 157i–157m IO);

- ist im Sanierungsplan keine solche Maßnahme vorgesehen, steht dem Schuldner mit rechtskräftiger Aufhebung des Insolvenzverfahrens wieder die **freie Verfügungsmacht** über sein Vermögen zu (§ 152b Abs 3 IO).

Praktisch bedeutsam ist § 157i Abs 1 IO: Danach kann der Sanierungsplan vorsehen, dass der Treuhänder **bestimmt bezeichnete Ansprüche** (zB offene Forderungen, Anfechtungsansprüche) geltend zu machen und aus dem Realisat die Insolvenzgläubiger zu befriedigen hat.

> **Beispiel:** In einem Konkurs- oder Sanierungsverfahren wird ein Sanierungsplan angenommen und bestätigt. Sind noch offene Forderungen oder Anfechtungsansprüche geltend zu machen, können diese dem Treuhänder zur Geltendmachung übertragen werden.

Y. Besonderheiten des Sanierungsverfahrens

I. Überblick: Konkurs- und Sanierungsverfahren

Im Rahmen des **einheitlichen Insolvenzverfahrens** sind zwei Varianten, nämlich das **Konkursverfahren** und das **Sanierungsverfahren** vorgesehen. In beiden Fällen handelt es sich um ein Insolvenzverfahren, für welches die allgemeinen Bestimmungen der IO anwendbar sind (§ 1 IO).

1. Sanierungsverfahren: Für das Sanierungsverfahren sind im **Dritten Teil der IO** einige Sonderbestimmungen vorgesehen, die für alle Sanierungsverfahren gelten und als *leges speciales* den allgemeinen Normen der IO vorgehen. Insb soll der Schuldner, der bereits mit dem Eröffnungsantrag einen Sanierungsplan vorlegt, in den Genuss einer **positiveren Verfahrensbezeichnung** (und zügigen Abwicklung des Verfahrens) kommen.

Wenn der Schuldner **zusätzliche Kriterien** erfüllt (Sanierungsplan mit einer erhöhten **Mindestquote von 30 Prozent**, Vorlage bestimmter qualifizierter Unterlagen), kann er überdies den Verlust der Dispositionsbefugnis abwenden **(Sanierungsverfahren mit Eigenverwaltung des Schuldners)**. Dieses ist im **Vierten Teil der IO** geregelt (§§ 169–179 IO). Auch bei dieser Variante ist zwingend ein Verwalter zu bestellen, der als **Sanierungsverwalter** bezeichnet wird. Dieser hat neben der Aufsicht über den Schuldner auch eine Reihe eigenständiger Aufgaben zu erfüllen (Forderungsprüfung, Geltendmachung von Anfechtungsansprüchen ua).

2. Konkursverfahren: Wenn die Voraussetzungen für die Eröffnung eines Sanierungsverfahrens nicht vorliegen, ist das Insolvenzverfahren als **Konkursverfahren** zu bezeichnen (§ 180 Abs 1 IO); der Verwalter heißt dann **Masseverwalter**. Auch hier kann der Schuldner einen Sanierungsplan beantragen. Geschieht dies nicht oder kommt der Sanierungsplan nicht zustande, hat der **Masseverwalter** die Konkursmasse zur **gemeinschaftlichen Befriedigung der Insolvenzgläubiger** zu verwenden; danach wird das Verfahren nach § 139 IO aufgehoben (zu anderen Entschuldungsmöglichkeiten bei natürlichen Personen siehe S 86 ff).

II. Anwendungsbereich und Begriff des Sanierungsverfahrens

Nach § 166 IO ist das Sanierungsverfahren anzuwenden auf

- natürliche Personen, die ein Unternehmen betreiben,
- juristische Personen,
- Personengesellschaften und
- Verlassenschaften.

Vom **Sanierungsverfahren** (nicht jedoch vom Sanierungsplan) ausgeschlossen bleiben somit **natürliche Personen, die kein Unternehmen betreiben**. Hier ist das Insolvenzverfahren stets ein Konkursverfahren, welches aber ebenfalls Besonderheiten aufweist und als **Schuldenregulierungsverfahren** bezeichnet wird (182 IO). Dazu S 85 f.

Charakteristisch für das **Sanierungsverfahren** ist, dass (a) der **Schuldner** die Insolvenzeröffnung **beantragt** und (b) bereits **mit dem Eröffnungsantrag einen (zulässigen) Sanierungsplan** vorlegt (§ 167 Abs 1 IO).

Ein **Sanierungsverfahren** kann bereits bei **drohender Zahlungsunfähigkeit** eröffnet werden (§ 167 Abs 2 IO).

III. Besonderheiten des Sanierungsverfahrens ohne Eigenverwaltung

Die einzige Besonderheit des **Sanierungsverfahrens ohne Eigenverwaltung** besteht (neben der „schuldnerfreundlichen" Bezeichnung) darin, dass das Insolvenzgericht bereits mit der Insolvenzeröffnung die **Sanierungsplantagsatzung** anzuberaumen hat (idR auf 60–90 Tage nach der Eröffnung). Diese Tagsatzung kann mit der Prüfungstagsatzung verbunden werden (§ 168 Abs 1 IO). Das Unternehmen ist erst zu verwerten, wenn binnen 90 Tagen nach Insolvenzeröffnung kein Sanierungsplan angenommen wird (§ 168 Abs 2 IO). Der Verwalter heißt in dieser Konstellation (so wie im Konkursverfahren) **Masseverwalter**.

Wenn der **Sanierungsplan scheitert** oder **Masseunzulänglichkeit** eintritt, ist die Bezeichnung des Verfahrens auf „**Konkursverfahren**" abzuändern und als solches fortzuführen; die Änderung der Bezeichnung ist öffentlich bekannt zu machen (§ 167 Abs 3 und 4 IO).

IV. Das Sanierungsverfahren mit Eigenverwaltung des Schuldners

1. Voraussetzungen

Wenn der Schuldner bereits mit dem Eröffnungsantrag einen Sanierungsplan mit einer **Quote von mindestens 30 Prozent** beantragt und überdies eine Reihe **weiterer Unterlagen** vorlegt (genaues Vermögensverzeichnis, Finanzplan, Angaben über die Erfüllbarkeit des Sanierungsplans sowie über die erforderlichen Reorganisations-maßnahmen), aus denen eine qualifizierte Vorbereitung des Verfahrens ersichtlich ist (siehe im Einzelnen § 169 IO), wird ein **Sanierungsverfahren mit Eigenverwaltung** eröffnet. Dieses bietet dem Schuldner den Vorteil, dass ihm die **Verwaltung der Insolvenzmasse** (unter Aufsicht des Sanierungsverwalters) zusteht.

2. Umfang der Eigenverwaltung

a) Im Fall der Eigenverwaltung ist der **Schuldner** grundsätzlich befugt, **alle Rechtshandlungen** vorzunehmen.

b) **Genehmigung:** Rechtshandlungen, die **nicht zum gewöhnlichen Unternehmensbetrieb** gehören, bedürfen der **Genehmigung des Sanierungsverwalters,** ebenso generell der **Rücktritt,** die **Kündigung** oder **Auflösung** iSd §§ 21, 23, 25 IO (ein **Vertragseintritt** hingegen nur, wenn er nicht zum gewöhnlichen Unternehmensbetrieb gehört). Das **Insolvenzgericht** kann **bestimmte Rechtshandlungen** überhaupt verbieten oder von der **Zustimmung des Sanierungsverwalters** abhängig machen (§ 172 Abs 2 IO); dies ist öffentlich bekannt zu machen. Auch Handlungen, die keiner Genehmigungspflicht unterliegen (weil sie zum gewöhnlichen Unternehmensbetrieb gehören), kann der Sanierungsverwalter **beeinspruchen** (§ 171 Abs 1 IO).

c) Die **Schließung oder Wiedereröffnung des Unternehmens** bedarf stets der **Genehmigung des Insolvenzgerichts** (§ 115 IO ist anzuwenden).

Rechtshandlungen, die der Schuldner entgegen § 171 Abs 1 IO **ohne Genehmigung** oder **gegen den Einspruch** des Sanierungsverwalters vornimmt, sind **den Gläubigern gegenüber (relativ) unwirksam**, sofern der Geschäftspartner beim Abschluss schlechtgläubig war (§ 171 Abs 3 IO; leichte Fahrlässigkeit genügt).

d) **Dem Sanierungsverwalter vorbehaltene Rechtshandlungen**

aa) Dem Sanierungsverwalter **ex lege** vorbehalten sind (§ 172 Abs 1 IO): die **Anfechtung** gem §§ 27 ff IO, die **Forderungsprüfung** einschließlich Führung von Prüfungsprozessen (§§ 102 ff IO), die **Mitteilung** der Rechtshandlungen nach § 116 IO, der **Abschluss der in § 117 IO genannten Rechtsgeschäfte** (zB die Veräußerung des Unternehmens oder einer Liegenschaft), die **gerichtliche Veräußerung** nach § 119 IO und die **Veräußerung von Sachen**, an denen Absonderungsrechte bestehen (§ 120 IO).

bb) Über diese Fälle hinaus kann das **Insolvenzgericht** dem Schuldner **bestimmte Rechtshandlungen** überhaupt **verbieten**; solche **Beschränkungen** sind **öffentlich bekannt zu machen** (§ 172 Abs 2 IO). In dringenden Fällen kann auch der Sanierungsverwalter eine solche Anordnung treffen.

cc) Soweit der Schuldner zu Rechtshandlungen nicht befugt ist, tritt an seine Stelle der **Sanierungsverwalter** (§ 172 Abs 3 IO). Zur Verwertung bedarf er der Zustimmung des Schuldners.

e) **Prozessführung durch den Schuldner:** In Angelegenheiten der **Eigenverwaltung** (somit nicht im Bereich der dem Sanierungsverwalter vorbehaltenen Gegenstände) ist der **Schuldner** zur **Führung von Prozessen** und sonstigen Verfahren befugt (§ 173 IO). Bei Insolvenzeröffnung anhängige Verfahren werden nach hM dennoch unterbrochen (§ 7 IO). § 8 IO ist in Angelegenheiten der Eigenverwaltung nicht anwendbar.

f) **Entstehung von Masseforderungen:** Aus Rechtshandlungen, zu denen der Schuldner im Rahmen der Eigenverwaltung berechtigt ist, entstehen **Masseforderungen** (§ 174 IO). Daneben gilt § 46 IO.

g) Die **Postsperre** wird im Sanierungsverfahren mit Eigenverwaltung nicht verhängt (§ 176 Z 1 IO).

3. Aufgaben und Rechtsstellung des Sanierungsverwalters

Der Sanierungsverwalter hat die **ihm vorbehaltenen Rechtshandlungen** vorzunehmen, die Geschäftsführung des Schuldners und dessen Ausgaben für die Lebensführung (§ 175 IO) zu **überwachen,** im Bedarfsfall sein **Einspruchsrecht** auszuüben und die wirtschaftliche Lage des Schuldners zu überprüfen (§ 178 Abs 1 IO).

Im **Sanierungsverfahren mit Eigenverwaltung** ist die erste Gläubigerversammlung (oder Berichtstagsatzung) **innerhalb von drei Wochen** nach der Insolvenzeröffnung abzuhalten (§ 179 IO). Spätestens bis zu dieser Tagsatzung hat der Sanierungsverwalter Bericht zu erstatten:

- über die wirtschaftliche Lage des Schuldners;
- ob der Finanzplan eingehalten werden kann;
- ob der Sanierungsplan erfüllbar ist und ob
- Gründe für die Entziehung der Eigenverwaltung vorliegen.

Ein **Inventar** ist im Sanierungsverfahren mit Eigenverwaltung nicht zu errichten (§ 176 Z 2 IO).

Einholung von Auskünften durch den Sanierungsverwalter: Wenn der Schuldner der Einholung von Auskünften zustimmt oder die fehlende Zustimmung durch das Insolvenzgericht ersetzt wird, können sich Dritte nicht auf ihre Verschwiegenheitspflichten berufen (§ 178 Abs 3 IO). Die **Ersetzung der Zustimmung** erfolgt mit **unanfechtbarem Beschluss**; sie setzt ein rechtliches Interesse des Sanierungsverwalters voraus.

Die **Sorgfaltspflicht** und die **Haftung des Sanierungsverwalters** sind gleich geregelt wie beim Insolvenzverwalter allgemein (siehe § 177 Abs 2 IO). Zur **Rechnungslegung** ist der Sanierungsverwalter nur insoweit verpflichtet, als er Rechtshandlungen nicht nur überwacht, sondern selbst vorgenommen hat (§ 176 Z 4 IO). Auf seinen **Entlohnungsanspruch** sind die §§ 82–82d IO sowie die §§ 125 und 125a IO anzuwenden; eine besondere Entlohnung gebührt auch für die **Überwachung der Unternehmensfortführung** (§ 177 Abs 3 IO).

4. Zeitlicher Ablauf des Sanierungsverfahrens mit Eigenverwaltung

Die Eigenverwaltung ist auf einen **Zeitraum von 90 Tagen ab Verfahrenseröffnung** beschränkt. In dieser Zeitspanne soll die **Annahme des Sanierungsplans** erreicht werden, was idR ein gut vorbereitetes Verfahren voraussetzt. Gelingt dies nicht, wird dem Schuldner die Eigenverwaltung entzogen und das Sanierungsverfahren ohne Eigenverwaltung fortgeführt (§ 170 Abs 1 Z 3 IO); dies gilt auch bei Vorliegen anderer wichtiger Gründe. Wenn die Voraussetzungen nach § 167 Abs 3 IO vorliegen, ist das Verfahren als **Konkursverfahren** fortzusetzen.

Z. Sonderbestimmungen für natürliche Personen

I. Allgemeines

Der **Sechste Teil der IO** (§§ 181–216) enthält Sonderbestimmungen für das Insolvenzverfahren **natürlicher Personen**. Diese sind, soweit nicht anders angeordnet, für **alle natürlichen Personen** anwendbar (so insb die Normen über den **Zahlungsplan** und über das **Abschöpfungsverfahren**; diese Instrumente stehen daher auch Einzelunternehmern offen). Der primäre Zweck dieser Bestimmungen liegt darin, insolventen natürlichen Personen effiziente Auswege aus ihrer Verschuldung zu eröffnen.

Einige der Sondernormen des Sechsten Teils (insb die §§ 182, 183 Abs 2, §§ 186–192 IO) gelten kraft ausdrücklicher Anordnung nur für **natürliche Personen, die kein Unternehmen betreiben**. Wenn ein solcher Schuldner betroffen ist, trägt das Verfahren die Bezeichnung „**Schuldenregulierungsverfahren**"; dieses ist beim Bezirksgericht durchzuführen.

II. Einleitung auch ohne kostendeckendes Vermögen

Im Regelfall setzt die Eröffnung des Insolvenzverfahrens voraus, dass ein **kostendeckendes Vermögen** vorhanden ist oder ein Kostenvorschuss erlegt wird (vgl §§ 71 ff IO). Dieser Grundsatz erfährt jedoch Einschränkungen, wenn eine **natürliche Person** selbst den Eröffnungsantrag stellt (§ 183 IO): Sofern ein solcher Antrag bestimmte inhaltliche Kriterien erfüllt, ist das Verfahren auch **ohne kostendeckendes Vermögen iSd § 71 IO** (und ohne Erlag eines Kostenvorschusses) zu eröffnen. Die anfallenden Verfahrenskosten werden vorerst aus der **Amtskasse** bestritten (§ 184 IO). Letzteres gilt auch dann, wenn das Verfahren zwar nicht „nach § 183 IO eröffnet" wurde, aber inhaltlich die Voraussetzungen dafür erfüllt sind.

Die **Eröffnung trotz fehlender Kostendeckung** setzt voraus, dass der Schuldner bereits mit dem Eröffnungsantrag ein detailliertes **Vermögensverzeichnis** (zu dessen Inhalt siehe § 185 IO) sowie einen zulässigen **Zahlungsplan** vorlegt, dessen Annahme beantragt und bescheinigt, dass er den Zahlungsplan erfüllen wird. Außerdem muss er bescheinigen, dass seine (zu erwartenden) Einkünfte **die Kosten des Verfahrens voraussichtlich decken** werden (§ 183 Abs 1 Z 1–3 IO). Das zuletzt genannte Kriterium ist bereits erfüllt, wenn beim Schuldner aufgrund konkreter Umstände **zukünftig Einkünfte** zu erwarten sind, aus denen die (gesamten) Verfahrenskosten gedeckt werden können (zB ein in zwei Jahren gem § 12a IO frei werdendes Pensionseinkommen). Nicht verlangt wird, dass die Verfahrenskosten (zB die Kosten eines Masseverwalters, Gerichtsgebühr) bereits **während des Konkursverfahrens** abgedeckt werden können (voraussichtliche Abdeckung innerhalb der dreijährigen Frist des § 196 Abs 2 IO wird als ausreichend erachtet).

Außergerichtlicher Ausgleichsversuch: Wenn der Schuldner **kein Unternehmen betreibt**, muss er bei fehlender Kostendeckung überdies bescheinigen, dass ein **außergerichtlicher Ausgleich** mit den Gläubigern **gescheitert ist** oder ein darauf abzielender Versuch **aussichtslos** wäre. Ansonsten wird das Insolvenzverfahren mangels Kostendeckung nicht eröffnet (§ 183 Abs 2 IO). Damit bringt der Gesetzgeber zum Ausdruck, dass er **außergerichtliche Lösungen** bevorzugt. Bevor auf Kosten der Öffentlichkeit ein Insolvenzverfahren eröffnet wird, muss der Schuldner versuchen, mit seinen Gläubigern außergerichtlich ins Reine zu kommen. Dazu hat er den Gläubigern einen **angemessenen Ausgleichsvorschlag** mit einer **ausreichenden Frist** zur Überlegung und Rückäußerung (ca 6 Wochen) zu unterbreiten. Scheitert dieser Versuch, zB weil ein Gläubiger den Vorschlag ablehnt, so ist der Weg ins Insolvenzverfahren frei. Ersparen kann sich der Schuldner den außergerichtlichen Ausgleichsversuch, wenn ein solcher von vornherein aussichtslos wäre.

> **Beispiel:** Wenn sich unter den Gläubigern die Gebietskrankenkasse oder ein sonstiger SV-Träger befindet, ist der Versuch erkennbar aussichtslos, weil SV-Träger einem außergerichtlichen Schuldnachlass generell nicht zustimmen dürfen.

> **Beachte:** Den Erfordernissen des § 183 IO (einschließlich der Notwendigkeit, einen außergerichtlichen Ausgleich zu versuchen) muss der Schuldner nur entsprechen, wenn **kein kostendeckendes Vermögen** vorhanden ist. Daraus folgt im Gegenschluss: Wenn der Schuldner über kostendeckendes Vermögen iSd § 71 IO verfügt oder einen Kostenvorschuss legt, ist kein außergerichtlicher Ausgleichsversuch vorgeschrieben.

III. Das Schuldenregulierungsverfahren

1. Begriff

Schuldenregulierungsverfahren nennt die IO das **Insolvenzverfahren (Konkursverfahren)**, wenn es eine **natürliche Person** betrifft, die **kein Unternehmen** (mehr) betreibt. Maßgebend ist der Zeitpunkt, in dem der **Eröffnungsantrag** gestellt wird. Auch **ehemalige Unternehmer** fallen daher in dieses Verfahren, mögen die Schulden auch aus der früheren Unternehmenstätigkeit herrühren.

Für solche Verfahren sind im Sechsten Teil der IO einige Erleichterungen vorgesehen, die das Verfahren **vereinfachen** und **kostengünstiger** gestalten. Soweit die §§ 182 ff IO nichts anderes vorsehen, gelten auch im Schuldenregulierungsverfahren die allgemeinen Bestimmungen der IO.

2. Besonderheiten des Verfahrens

a) Das **Schuldenregulierungsverfahren** fällt in die sachliche Zuständigkeit des **Bezirksgerichts**.

b) Sofern der **Wert der Aktiva** voraussichtlich **50.000 Euro nicht übersteigt**, wird das Verfahren vom **Rechtspfleger** durchgeführt. Stimmrechtsentscheidungen und Ermessensentscheidungen nach § 213 Abs 2–4 IO bleiben auch in solchen Verfahren **dem Richter vorbehalten** (vgl § 17a Abs 2 RPflG).

c) Das Bestreben nach **Kostengünstigkeit** manifestiert sich insb darin, dass im Regelfall auf die Bestellung eines Insolvenzverwalters verzichtet wird (sog **Eigenverwaltung des Schuldners**). Ein Masseverwalter wird nur bestellt, wenn die **Vermögenslage** des Schuldners **unübersichtlich** ist oder die Eigenverwaltung **Nachteile** für die Gläubiger **befürchten** ließe (§ 186 Abs 2 Z 1 und 2 IO); seit der InsNov 2002 außerdem dann, wenn der Schuldner **kein genaues Vermögensverzeichnis** vorgelegt hat (§ 186 Abs 2 Z 3 IO).

Im Fall der **Eigenverwaltung** werden die Kompetenzen, die an sich dem Insolvenzverwalter zukämen, teils vom **Schuldner** selbst, teils von den **Gläubigern** (zB Geltendmachung von Anfechtungsansprüchen) und teils vom **Insolvenzgericht** wahrgenommen (Einzelheiten in §§ 187–190 IO).

d) Im **Schuldenregulierungsverfahren** können sich die Schuldner auch durch eine **anerkannte Schuldenberatungsstelle** vertreten lassen (§ 192 IO).

IV. Überblick: Die einzelnen Wege zur Entschuldung

Nach geltendem Recht sind für natürliche Personen **mehrere Wege zur Entschuldung** vorgesehen: Zum einen der **außergerichtliche Ausgleich,** zum anderen **drei Varianten** im Rahmen des Insolvenzverfahrens, nämlich der **Sanierungsplan,** der **Zahlungsplan** und das **Abschöpfungsverfahren** (zum Sanierungsplan, der ja nicht nur natürlichen Personen offensteht, siehe bereits oben S 75 ff).

V. Der Zahlungsplan

1. Begriff

Der **Zahlungsplan** ist eine speziell auf die Bedürfnisse natürlicher Personen zugeschnittene **Sonderform des Sanierungsplans.** Er steht **jeder natürlichen Person** offen, mag sie ein Unternehmen betreiben (und das Insolvenzverfahren daher beim Gerichtshof behängen) oder nicht. Geregelt ist der Zahlungsplan in den §§ 193–198 IO; **subsidiär** gelten die **Bestimmungen über den Sanierungsplan** (§ 193 Abs 1 IO).

2. Wichtigste Unterschiede zum Sanierungsplan

a) Im Gegensatz zum Sanierungsplan ist für den Zahlungsplan **keine** zahlenmäßig fixierte **Mindestquote** vorgeschrieben. Gefordert wird lediglich, dass die angebotene Quote der **Einkommenslage** des Schuldners **in den folgenden fünf Jahren** entspricht (§ 194 Abs 1 IO). Bei Beurteilung dieses Kriteriums wird darauf abgestellt, welche **pfändbaren Bezüge** der Schuldner in diesem Zeitraum voraussichtlich erzielen wird. Die Summe der prognostizierten pfändbaren Bezüge in Relation zu den Gesamtverbindlichkeiten ergibt jene (Mindest-)Quote, die der Schuldner jedenfalls anbieten muss, damit der Vorschlag **angemessen** ist. Dafür hat sich der Begriff „**relative Mindestquote**" eingebürgert. Ein Zahlungsplanvorschlag, der sich unter dieser Quote bewegt, ist unzulässig. Dagegen ist eine **Überschreitung der relativen Mindestquote** selbstverständlich zulässig (auch wenn der Schuldner dafür Beträge aus seinem unpfändbaren Einkommen leisten muss).

> **Beispiel 1:** Der Schuldner hat Gesamtverbindlichkeiten von 200.000 Euro, der pfändbare Teil seines Einkommens beträgt 350 Euro monatlich (14-mal jährlich). Bei künftig gleich bleibendem Einkommen wird der Schuldner in den folgenden fünf Jahren somit pfändbare Bezüge von insgesamt 24.500 Euro erzielen. Daraus errechnet sich eine angemessene Quote von 12,25 Prozent. Wenn der Schuldner zumindest diese (oder eine höhere) Quote anbietet, ist der Vorschlag zulässig. Dies bedeutet natürlich nicht, dass die Gläubiger einem solchen Vorschlag auch zustimmen (um die Zustimmung zu erreichen, muss der Schuldner häufig eine höhere als die in § 194 Abs 1 IO angeführte Quote anbieten).

> **Beispiel 2:** Der Schuldner wird in den kommenden fünf/sieben Jahren nur Einkünfte unter dem Existenzminimum beziehen. Er bietet den Gläubigern eine Quote von 0,5 Prozent (zahlbar aus seinen un-

pfändbaren Einkünften). Ein solcher Zahlungsplan ist zulässig. Dagegen wäre eine „Null-Quote" wohl nicht statthaft (auch wenn eine solche dem zu erwartenden Einkommen eher entsprechen würde).

b) Die **Erfüllungsfrist** darf maximal **sieben Jahre** betragen.

c) Über den Zahlungsplan darf erst **nach Verwertung des schuldnerischen Vermögens** (der Insolvenzmasse) abgestimmt werden. Eine Ausnahme ist für die gem § 250 Abs 1 Z 2 IO unpfändbaren **Gegenstände eines Kleingewerbebetriebs** vorgesehen. Auch sie gehören zwar (trotz Unpfändbarkeit im Exekutionsverfahren) zur Insolvenzmasse; sie sind jedoch kraft ausdrücklicher Anordnung erst zu verwerten, wenn sich herausstellt, dass **ein Zahlungsplan nicht zustande kommt** (§ 193 Abs 2 Satz 2 IO). Der Grund für diese Ausnahme liegt darin, dass solche Gegenstände idR für die Erfüllung des Zahlungsplans benötigt werden.

3. Zustandekommen des Zahlungsplans

Über den Zahlungsplan wird im Rahmen einer Tagsatzung abgestimmt. Die Mehrheitserfordernisse sind gleich geregelt wie beim Sanierungsplan (**Kopf- und Summenmehrheit**; siehe S 78). Nehmen die Gläubiger den Zahlungsplan an, ist zu seiner Wirksamkeit überdies noch die **gerichtliche Bestätigung** erforderlich (zu den Versagungsgründen siehe § 195 IO). Mit **Rechtskraft der Bestätigung** ist das **Insolvenzverfahren ex lege aufgehoben** (§ 196 Abs 1 IO).

4. Änderung des Zahlungsplans; Erstreckung der Zahlungsplantagsatzung

Änderungen des Zahlungsplans sowie **Erstreckungen** der Zahlungsplantagsatzung sind unter den gleichen Voraussetzungen zulässig bzw geboten wie beim Sanierungsplan (dazu S 77, 78 f).

5. Fortsetzung des Insolvenzverfahrens nach Ablehnung eines Zahlungsplans

Davon zu unterscheiden sind jene Fälle, in denen der Schuldner **nach Ablehnung des Zahlungsplans** beantragt, **das Insolvenzverfahren fortzusetzen** (§ 195a IO). Einem solchen Antrag ist stattzugeben, wenn der Schuldner **bescheinigt**, dass seine Einkünfte die **Kosten des Verfahrens** voraussichtlich **decken** werden (Z 1) **und** innerhalb von zwei Jahren eine **Verbesserung seiner Einkommenslage** zu erwarten ist (Z 2).

> **Beispiele:** Der Schuldner leistet den Präsenz- oder Zivildienst ab; er (sie) ist in Karenz; innerhalb der nächsten zwei Jahre steht der Abschluss der beruflichen Ausbildung (oder einer Zusatzausbildung) ins Haus; in diesem Zeitraum werden die Voraussetzungen für einen Pensionsbezug eintreten etc.

Die **Fortsetzung nach § 195a IO** kann **nur auf Antrag des Schuldners** beschlossen werden; ein solcher Antrag ist spätestens **in der Zahlungsplantagsatzung** zu stellen. Wenn ihm das Gericht stattgibt, bleiben die Wirkungen der Insolvenzeröffnung weiterhin aufrecht. Dem Schuldner wird eine angemessene, zwei Jahre nicht übersteigende **Frist zur Vorlage eines neuen/geänderten Zahlungsplans** gesetzt. Der Beschluss ist öffentlich bekannt zu machen.

Alternativ dazu besteht bei **Scheitern des Zahlungsplans** auch die Möglichkeit, sogleich das **Abschöpfungsverfahren einzuleiten**. Diese Vorgangsweise ist jedoch für den Schuldner nicht immer attraktiv (insb wenn er bei sofortiger Einleitung die 10-Prozent-Hürde nicht schaffen würde). In Betracht käme auch die **Aufhebung des Insolvenzverfahrens**; der Schuldner könnte dann, wenn sich seine Einkommenslage verbessert hat, ein neues Insolvenzverfahren beantragen. Dies hat freilich den Nachteil, dass mit der Insolvenzaufhebung die **Zinsen** weiterlaufen und überdies neue **Prozess- und Exekutionskosten** entstehen können.

Im Gegensatz dazu bleibt bei einer **Fortsetzung nach § 195a IO** die **Prozess- und Exekutionssperre** aufrecht, ebenso der **Zinsstopp**.

6. Zahlung der Masseforderungen und Nichtigkeit des Zahlungsplans

Wenn ein **Zahlungsplan zustande kommt**, hat das Gericht dem Schuldner für die **Zahlung der Masseforderungen** eine angemessene, **drei Jahre nicht übersteigende Frist** zu setzen. Bezahlt der Schuldner die Masseforderungen nicht, riskiert er die **Nichtigkeit des Zahlungsplans**; damit verliert er sämtliche Begünstigungen! Diese Rechtsfolge tritt allerdings erst ein, wenn der Schuldner zuvor unter Setzung einer mindestens **vierwöchigen Nachfrist** zur Zahlung aufgefordert wird und auch diese Nachfrist fruchtlos verstreicht. In der Zahlungsaufforderung ist auf die **drohende Nichtigkeit hinzuweisen** (§ 196 Abs 2 IO).

7. Berücksichtigung nicht angemeldeter Forderungen

Insolvenzforderungen, die bis zur Abstimmung über den Zahlungsplan **nicht angemeldet** wurden, sind nur dann mit der Zahlungsplanquote zu bedienen, wenn sich dies mit der **Einkommens- und Vermögenslage** des Schuldners vereinbaren lässt (§ 197 Abs 1 IO). Ratio dieser Bestimmung ist folgende: In der Praxis erreicht der Schuldner die **Zustimmung zum Zahlungsplan** idR nur, wenn er so viel anbietet, dass er in der Erfüllungsphase **voll „angespannt"** ist. Kämen nachträglich neue Gläubiger mit erheblichen, bisher nicht einkalkulierten Forderungen hinzu, könnte der Schuldner den Zahlungsplan insgesamt nicht mehr bedienen. Letzteres soll § 197 IO verhindern.

Ob der Schuldner nach den Kriterien des § 197 Abs 1 IO die Quote für die nachträglich geltend gemachte Forderung zahlen muss (weil dies seiner Einkommens- und Vermögenslage entspricht), hat auf Antrag das **Insolvenzgericht** vorläufig **zu entscheiden** (§ 197 Abs 2 IO iVm § 156b IO). Einen solchen Antrag kann **der Gläubiger**, aber auch **der Schuldner** stellen. Solange darüber nicht entschieden ist, treten die Verzugsfolgen nicht ein.

Wenn ein **Insolvenzgläubiger**, der seine Forderung im Insolvenzverfahren **nicht angemeldet** hat, nachträglich die Exekution beantragt und sich dabei auf einen „alten" (= **vor der seinerzeitigen Insolvenzeröffnung entstandenen**) Exekutionstitel stützt, gilt nach § 197 Abs 3 IO Folgendes: Die Exekution darf nur in jenem Umfang bewilligt werden, als dies **in einem vorläufigen Beschluss (iSd § 197 Abs 2 IO) gedeckt** ist. Der betreibende Gläubiger hat **bereits dem Exekutionsantrag** eine Ausfertigung des vorläufigen Beschlusses beizuschließen oder darzulegen, dass er die Forderung angemeldet hat. Eine Exekution, die bewilligt wurde, obwohl kein vorläufiger Beschluss existiert, ist auf Antrag oder **von Amts wegen** ohne Vernehmung der Parteien **einzustellen**.

Die Erfordernisse nach § 197 Abs 3 IO gelten nicht für Gläubiger, die sich auf einen **Auszug aus dem Anmeldungsverzeichnis** oder auf einen **nach Aufhebung des Insolvenzverfahrens entstandenen Exekutionstitel** stützen.

8. Nachträgliche Änderung des Zahlungsplans (§ 198 IO)

Wenn sich in der „Erfüllungsphase" die **Einkommens- und Vermögenslage** des Schuldners **ohne sein Verschulden verschlechtert** und er aus diesem Grund den „alten" Zahlungsplan nicht mehr erfüllen kann, hat er die Möglichkeit, einen **geänderten Zahlungsplan** anzubieten, über den wiederum abzustimmen ist. Zu den Einzelheiten siehe § 198 IO.

VI. Das Abschöpfungsverfahren

1. Allgemeines

Das **Abschöpfungsverfahren** steht **allen natürlichen Personen** (Unternehmern wie Nicht-Unternehmern) offen. Es dient als *ultima ratio* für Schuldner, die an den **Hürden des Zahlungsplans scheitern**. Der Grundgedanke ist folgender: Ein **redlicher und „kooperativer" Schuldner**, der bereit ist, für einen Zeitraum von idR **sieben Jahren** jede **zumutbare Beschäftigung** auszuüben und sein pfändbares Einkommen den Gläubigern zu überlassen, soll sich auch dann entschulden können, wenn seine Gläubiger einem angemessenen Zahlungsplan die Zustimmung verweigern. Die **Restschuldbefreiung** am Ende des Abschöpfungsverfahrens ist nicht von der Zustimmung der Gläubiger abhängig. Erforderlich ist jedoch, dass der Schuldner bestimmte **Obliegenheiten** beachtet und die **Mindestquote** erreicht wird (oder Billigkeitsgründe vorliegen).

Der Schuldner hat **keine freie Wahl zwischen Zahlungsplan und Abschöpfungsverfahren**. Er muss vorerst einen angemessenen Zahlungsplan anbieten und darüber abstimmen lassen. Erst wenn der Zahlungsplan die erforderlichen Mehrheiten nicht erreicht, ist (bei Vorliegen der sonstigen Voraussetzungen) der Weg ins Abschöpfungsverfahren frei.

2. Einleitung

Über die **Einleitung des Abschöpfungsverfahrens** entscheidet das **Insolvenzgericht**, wenn ein (zulässiger) Zahlungsplan nicht angenommen wird, in derselben Tagsatzung. Eine Abstimmung der Gläubiger über die Einleitung ist nicht vorgesehen. Wenn erfolgreich Einleitungshindernisse geltend gemacht werden, ist die Einleitung zu versagen. Die **Einleitungshindernisse** sind in § 201 IO **taxativ** umschrieben („nur"). Sie sind nicht von Amts wegen, sondern nur **auf Antrag eines Insolvenzgläubigers** wahrzunehmen. Wer ein solches Hindernis geltend macht, hat dessen Vorliegen zu behaupten und zu bescheinigen. Die wichtigsten sind:

- rechtskräftige **strafgerichtliche Verurteilung** des Schuldners wegen bestimmter gläubigerschädigender Delikte (§§ 156, 158, 162 und 292a StGB);

- Verletzung von **Auskunfts- und Mitwirkungspflichten** im Insolvenzverfahren;

- der Schuldner hat in den letzten drei Jahren vor Stellung des Eröffnungsantrags die Insolvenzgläubiger vorsätzlich oder grob fahrlässig beeinträchtigt, indem er **unverhältnismäßig Verbindlichkeiten** begründet oder **Vermögen verschleudert** hat;

- der Schuldner hat vorsätzlich oder grob fahrlässig schriftlich **unrichtige oder unvollständige Angaben** über seine **wirtschaftlichen Verhältnisse** gemacht, um die einer Insolvenzforderung zugrunde liegende Leistung zu erhalten (zB unrichtiges Ausfüllen einer Bonitätsauskunft bei der Kreditaufnahme).

- dem Zahlungsplan wurde wegen einer verbotenen **Gläubigerbegünstigung** die Bestätigung versagt;

- innerhalb der letzten **20 Jahre** wurde bereits ein Abschöpfungsverfahren eingeleitet („**Wiederholungsverbot**").

Als (positives) Einleitungserfordernis sieht § 202 Abs 1 IO vor, dass die **Kosten des Abschöpfungsverfahrens** durch die dem Treuhänder zukommenden Beträge **voraussichtlich gedeckt** sein müssen. Trifft dies nicht zu, so ist die Einleitung des Abschöpfungsverfahrens **von Amts wegen** zu versagen.

3. Bedienung der Gläubiger im Abschöpfungsverfahren; Treuhänder

Sinn des Abschöpfungsverfahrens ist es, einerseits dem Schuldner die **Restschuldbefreiung** zu ermöglichen, andererseits die **Gläubiger** für eine bestimmte Zeitspanne **am schuldnerischen Einkommen partizipieren** zu lassen. Demgemäß muss der Schuldner sein **pfändbares Einkommen** im Voraus **an einen Treuhänder abtreten**. Wenn der Schuldner unselbständig tätig ist, hat sein Arbeitgeber den pfändbaren Teil der Bezüge direkt an den Treuhänder abzuführen (Gleiches gilt für bestimmte andere Drittschuldner). Der Treuhänder hat die Gelder **fruchtbringend anzulegen** und **am Ende jedes Kalenderjahres** binnen acht Wochen **zu verteilen**.

Weitere Aufgaben des Treuhänders: Wenn die Gläubiger dies beantragen, kann das Gericht dem Treuhänder **besondere Überwachungsbefugnisse** übertragen (§ 203 Abs 2 IO). Unabhängig von einer solchen Aufgabenerweiterung hat der Treuhänder den Schuldner bei **wesentlicher Verminderung der einlangenden Beträge** aufzufordern, über seine Arbeitssituation zu berichten (§ 210a Abs 1 IO). Wenn der Schuldner die geforderten Auskünfte nicht erteilt, hat der Treuhänder dies **dem Gericht mitzuteilen**, das daraufhin **den Schuldner einzuvernehmen** hat. Gleiches gilt, wenn der Schuldner sonstige **Anfragen des Treuhänders** nicht oder nicht ausreichend beantwortet (§ 210a Abs 2 IO). Erscheint der Schuldner ohne genügende Entschuldigung nicht zur gerichtlichen Einvernahme oder verweigert er geforderte Auskünfte, ist das Abschöpfungsverfahren (unabhängig vom Vorliegen sonstiger Verstöße) **von Amts wegen einzustellen** (§ 210a Abs 3 IO).

Der **Treuhänder** ist gegenüber dem Insolvenzgericht (auf Verlangen auch gegenüber dem Schuldner) **zur Rechnungslegung** verpflichtet; er hat **jährlich** Rechnung zu legen, überdies **nach Ablauf der sieben Jahre** sowie bei Beendigung seiner Tätigkeit (siehe dazu § 203 Abs 3 IO).

Die **Vergütung des Treuhänders** regelt § 204 IO in Form eines **degressiv gestaffelten Tarifs** (Prozentsatz der eingehenden Beträge, mindestens 10 Euro plus Umsatzsteuer monatlich). Wenn Insolvenzgläubiger ihre Forderungen erst im Abschöpfungsverfahren geltend machen und der Treuhänder diese **Forderungen prüfen muss**, steht ihm für jede geprüfte Forderung ein Pauschalbetrag von 50 Euro netto zu (§ 207 Abs 2 IO).

4. Obliegenheiten des Schuldners während des Abschöpfungsverfahrens; vorzeitige Einstellung

Da der „Ertrag" des Abschöpfungsverfahrens vom **pfändbaren Einkommen des Schuldners** in den sieben Jahren abhängig ist, haben die Gläubiger naturgemäß ein Interesse daran, dass der Schuldner ein entsprechendes Einkommen erzielt und dieses auch offenlegt. § 210 IO statuiert daher bestimmte **Obliegenheiten** des Schuldners. „Herzstück" ist § 210 Abs 1 Z 1 IO: Danach hat der Schuldner während der Dauer des Abschöpfungsverfahrens eine **angemessene Erwerbstätigkeit** auszuüben.

Im Fall der **Beschäftigungslosigkeit** hat er sich um einen **angemessenen Erwerb zu bemühen** und darf keine zumutbare Arbeit ablehnen. Hierbei sind strenge Maßstäbe anzulegen: Der Schuldner muss **auch berufsfremde Arbeiten** annehmen; selbst Gelegenheits- oder Aushilfsarbeiten darf er nicht ausschlagen. Auf die familiäre Situation (insb Obsorgepflichten für Kinder) ist selbstverständlich Rücksicht zu nehmen.

Weitere Obliegenheiten des Schuldners: Er muss **Schenkungen und Erbschaften herausgeben**, jeden Wechsel des Wohnsitzes oder Arbeitsplatzes bekannt geben und darf keinem Insolvenzgläubiger eine Sonderbegünstigung zukommen lassen. Außerdem darf er **keine neuen Verbindlichkeiten** eingehen, die er bei Fälligkeit nicht erfüllen kann (siehe im Einzelnen § 210 Abs 1 IO).

Vorzeitige Einstellung auf Antrag: Obliegenheitsverletzungen sind **nicht von Amts wegen** aufzugreifen. Jeder Insolvenzgläubiger kann jedoch die vorzeitige Einstellung des Verfahrens (§ 211 IO) beantragen, wenn der Schuldner seine Obliegenheiten **schuldhaft verletzt** und dadurch die **Befriedigung** der Insolvenzgläubiger **beeinträchtigt** (§ 211 Abs 1 Z 2 IO). Bei **Verstößen gegen § 210 Abs 1 Z 8 IO** (Eingehen neuer Schulden, die bei Fälligkeit nicht bezahlt werden können) kann die Einstellung auch **ohne Beeinträchtigung der Insolvenzgläubiger** beantragt werden, ebenso wenn der Schuldner nach Einleitung des Abschöpfungsverfahrens wegen bestimmter **Straftaten rechtskräftig verurteilt** wird (§ 211 Abs 1 Z 1 IO). Der Antrag auf vorzeitige Einstellung kann nur **innerhalb eines Jahres** nach Bekanntwerden der Obliegenheitsverletzung (bzw der Verurteilung) gestellt werden. Der Einstellungsgrund ist idR glaubhaft zu machen. Wird einem solchen Antrag stattgegeben, so hat der Schuldner die Restschuldbefreiung verspielt.

Vorzeitige Einstellung von Amts wegen: Wenn der Schuldner **ohne genügende Entschuldigung** nicht zu einer gerichtlichen Einvernahme erscheint oder Auskünfte verweigert, ist das Abschöpfungsverfahren **von Amts wegen einzustellen**. In die Ladung ist ein **Hinweis auf diese Rechtsfolge** aufzunehmen (§ 210a Abs 3 IO; siehe Pkt 3).

5. Exekutionssperre

Während des Abschöpfungsverfahrens ist der Schuldner durch eine **Exekutionssperre** abgeschirmt. Diese wirkt jedoch nur **gegenüber den Insolvenzgläubigern**, nicht zulasten allfälliger **Neugläubiger**. Letztere können selbstverständlich gegen den Schuldner **Exekution** führen. Eine solche hat während des laufenden Abschöpfungsverfahrens de facto freilich wenig Aussicht auf Erfolg: Das laufende Einkommen ist an den Treuhänder abgetreten, sonstige Exekutionsobjekte werden nur selten verfügbar sein.

6. Dauer des Abschöpfungsverfahrens; Restschuldbefreiung

Im Regelfall dauert das Abschöpfungsverfahren **sieben Jahre**. Eine Verkürzung ist ausnahmsweise möglich, wenn das Verfahren mindestens **drei Jahre** gedauert hat und die Insolvenzgläubiger während des Insolvenz- und Abschöpfungsverfahrens insgesamt eine **Quote von zumindest 50 Prozent** erhalten haben. Dann hat der Schuldner einen Anspruch auf **vorzeitige Restschuldbefreiung**. In der Praxis sind solche Fälle selten.

Im Normalfall bleibt es bei den **sieben Jahren**. Wenn nach Ablauf dieser Zeitspanne mindestens **10 Prozent der Insolvenzforderungen** abgedeckt wurden, hat der Schuldner **Anspruch auf Erteilung der Restschuldbefreiung**. Auch bei dieser Variante wird ein allfälliges Realisat aus dem vorangegangenen Insolvenzverfahren in die 10 Prozent mit eingerechnet.

Wenn die Mindestquote nicht erreicht wird, hängt die Erteilung der Restschuldbefreiung von einer **Billigkeitsentscheidung** des Richters ab. § 213 IO sieht dafür mehrere Varianten vor:

a) Die Restschuldbefreiung nach Billigkeit ist insb zu erteilen, wenn die Insolvenzgläubiger nur „**unwesentlich weniger**" als 10 Prozent ihrer Forderungen erhalten haben oder diese Quote nur wegen der **Verfahrenskosten** nicht erreicht wurde (§ 213 Abs 2 IO).

b) Wenn diese Variante nicht der Billigkeit entspricht, kann das Gericht unter bestimmten Voraussetzungen das **Abschöpfungsverfahren für beendet** erklären, seine **Entscheidung über die Restschuldbefreiung** jedoch bis zu drei Jahre **aussetzen** und dem Schuldner auftragen, an alle oder bestimmte Gläubiger **weitere Zahlungen** (zur Aufstockung der Quote) zu erbringen. Hier ist ausnahmsweise eine **Ungleichbehandlung** der Insolvenzgläubiger statthaft (zu den Kriterien siehe § 213 Abs 3 Z 1–4 IO). Bis zur Entscheidung über die Restschuldbefreiung können die Insolvenzgläubiger nur in jenem Umfang **Exekution** führen, in welchem dem Schuldner zusätzliche Zahlungen aufgetragen wurden (§ 213 Abs 3 Satz 3 IO).

c) Entspricht auch dies nicht der Billigkeit, kann das Abschöpfungsverfahren um **höchstens drei Jahre verlängert** werden (§ 213 Abs 4 IO). Voraussetzung ist, dass der Schuldner die **Abtretungserklärung** entsprechend **verlängert** und mit überwiegender Wahrscheinlichkeit in der Lage sein wird, den auf die 10 Prozent fehlenden Betrag während der Dauer der Verlängerung aufzubringen (hier ist somit eine **„Zukunftsprognose"** erforderlich).

7. Wirkungen der Restschuldbefreiung (§§ 214, 215 IO)

Die Erteilung der Restschuldbefreiung erfolgt **durch Gerichtsbeschluss** (§ 213 IO). Dieser wirkt **gegen alle Insolvenzgläubiger**, somit auch gegen solche, die ihre Forderung **nicht angemeldet** haben. Mit Erteilung der Restschuldbefreiung verwandelt sich der nicht beglichene Teil der Insolvenzforderung in eine **Naturalobligation**. Die Rechte der Gläubiger gegen Bürgen, sonstige Mitverpflichtete etc bleiben selbstverständlich aufrecht.

Einige **privilegierte Forderungen** werden von den Wirkungen der Restschuldbefreiung **ausgenommen** (§ 215 IO). Sie bestehen trotz erteilter Restschuldbefreiung weiter und müssen daher im Ergebnis **zur Gänze** bezahlt werden. Ob im Einzelfall eine ausgenommene Forderung iSd § 215 IO vorliegt, ist nicht vom Insolvenzgericht, sondern im **streitigen Verfahren** zu klären.

> **Fälle sind:** Ansprüche aus einer vorsätzlich begangenen unerlaubten Handlung (zB Schmerzengeld aus vorsätzlicher Körperverletzung, Schadenersatz aus vorsätzlicher Sachbeschädigung); Ansprüche aus einer vorsätzlichen strafgesetzwidrigen Unterlassung.
>
> Ebenso ausgenommen sind **Forderungen**, die **nur aus dem Verschulden des Schuldners unberücksichtigt** geblieben sind.

Nachträglicher Widerruf (§ 216 IO): Wenn sich nach Erteilung der Restschuldbefreiung herausstellt, dass der Schuldner eine seiner **Obliegenheiten vorsätzlich verletzt** und dadurch die Befriedigung der Insolvenzgläubiger **erheblich beeinträchtigt** hat, kann die Restschuldbefreiung vom Insolvenzgericht nachträglich widerrufen werden. Voraussetzung ist ein **Antrag eines Insolvenzgläubigers**; dieser kann nur innerhalb einer Frist von **zwei Jahren** ab rechtskräftiger Erteilung der Restschuldbefreiung gestellt werden.

Dritter Teil
Internationales Insolvenzrecht

A. Allgemeines; Regelungen im Siebenten Teil der IO

Regelungsgegenstand des internationalen Insolvenzrechts sind **grenzüberschreitende Insolvenzen**. Diesen kommt im Zeitalter wirtschaftlicher Globalisierung erhebliche Bedeutung zu.

Die IO enthält Bestimmungen über das **Internationale Insolvenzrecht** im **Siebenten Teil (§§ 217–251 IO)**. Diese sind nur anzuwenden, soweit nicht nach Völkerrecht oder in Rechtsakten der Europäischen Gemeinschaften, insb in der EuInsVO anderes bestimmt ist. Im **Geltungsbereich der EuInsVO** kommt dieser somit der **Vorrang** vor den §§ 217 ff IO zu. Im Siebenten Teil der IO sind ua folgende Grundsätze verwirklicht:

1. Internationale Zuständigkeit

Die **internationale Zuständigkeit** für grenzüberschreitende Insolvenzen erschließt sich – außerhalb des Geltungsbereichs der EuInsVO (Art 3) – aus der **Zuständigkeitsnorm des § 63 IO**. Liegt einer der dort genannten Anknüpfungspunkte vor, ist idR auch die internationale Zuständigkeit der österreichischen Gerichte zu bejahen. Diese ist daher insb gegeben, wenn (bei einem Unternehmen) der **„Betriebsort"** im Inland liegt; ebenso wenn der Schuldner seinen **gewöhnlichen Aufenthalt** in Österreich hat. Mangels dieser Voraussetzungen genügt auch eine **Niederlassung** (eines ausländischen Unternehmens) oder das Vorhandensein von **Schuldnervermögen im Inland**.

2. Anwendbares Recht

Für das Insolvenzverfahren, die Voraussetzungen für die Eröffnung und seine Wirkungen gilt – soweit nicht anderes bestimmt wird – das **Recht des Staates**, in dem **das Verfahren eröffnet** wird (§ 221 Abs 1 IO).

3. Wirkungen eines in Österreich eröffneten Verfahrens

Die Wirkungen eines **in Österreich eröffneten Insolvenzverfahrens** erstrecken sich grundsätzlich auch auf das **im Ausland gelegene Vermögen** des Schuldners (§ 237 Abs 1 IO). Die Effizienz dieser Anordnung hängt allerdings davon ab, inwieweit der Staat des belegenen Vermögens bereit ist, das österreichische Verfahren anzuerkennen und die Einbeziehung des in seinem Territorium gelegenen Vermögens zu ermöglichen.

> **Beispiel:** In Österreich wird ein Insolvenzverfahren eröffnet. Der Schuldner ist Eigentümer einer Villa in Florida und hat außerdem diverse Bankguthaben in Liechtenstein. Dieses Vermögen fällt in die Sollmasse des österreichischen Verfahrens. Ob der Zugriff darauf gelingt, hängt in hohem Maß auch vom Verhalten jener Staaten ab, in denen sich das Vermögen des Schuldners befindet.

§ 237 Abs 1 IO sieht allerdings eine **Ausnahme von diesem Universalitätsprinzip** vor, wenn der Mittelpunkt der hauptsächlichen Interessen des Schuldners in einem anderen Staat gelegen ist, in diesem Staat bereits ein Insolvenzverfahren eröffnet wurde und das Auslandsvermögen in dieses Verfahren einbezogen ist.

Mitwirkungspflicht des Schuldners: Dieser ist verpflichtet, in Abstimmung mit dem Insolvenzverwalter an der **Verwertung des im Ausland gelegenen Vermögens mitzuwirken** (§ 237 Abs 2 IO). Dies ist insb für jene Fälle von Bedeutung, in denen sich Vermögen des Schuldners in einem Staat befindet, der das österreichische Insolvenzverfahren nicht anerkennt. Die Mitwirkung des Schuldners wird in solchen Fällen idR darin bestehen, dem Insolvenzverwalter alle notwendigen **Informationen** zur Hand zu geben und ihn mit den für die Verwertung des Vermögens erforderlichen **Vollmachten** auszustatten.

Der Insolvenzverwalter kann für die **Insolvenzabwicklung im Ausland** auch **Vertreter** bestellen (§ 238 IO).

4. Anerkennung ausländischer Verfahren

Nach § 240 IO werden die Wirkungen eines **in einem anderen Staat eröffneten Insolvenzverfahrens** und die in einem solchen Verfahren ergehenden **Entscheidungen** in Österreich **anerkannt**, wenn (aa) der **Mittelpunkt der Interessen** des Schuldners im anderen Staat liegt und (bb) das im Ausland eröffnete Verfahren in seinen Grundzügen **einem österreichischen Insolvenzverfahren vergleichbar** ist (insb wird verlangt, dass österreichische Gläubiger gleich behandelt werden wie Gläubiger aus dem Eröffnungsstaat).

Der **ausländische Insolvenzverwalter** und deren Vertreter dürfen in Österreich alle **Befugnisse ausüben**, die ihnen im Eröffnungsstaat zustehen (§ 241 Abs 1 IO). Bei der Ausübung der Befugnisse haben sie das **österreichische Recht** zu achten; ihre Befugnisse umfassen nicht die Anwendung von Zwangsmitteln oder das Recht, über Rechtsstreitigkeiten oder andere Auseinandersetzungen zu befinden (§ 241 Abs 2 IO).

B. Die VO des Rates über Insolvenzverfahren (EuInsVO)

1. Seit **31. 5. 2002** ist die VO des Rates über Insolvenzverfahren (EuInsVO) in Kraft. Zu deren Prinzipien zählen ua: die einheitliche **Regelung der internationalen Zuständigkeit**, die **eingeschränkte Universalität**, die (automatische) **Anerkennung der in einem anderen Mitgliedstaat eröffneten Insolvenzverfahren** sowie die grundsätzliche Geltung der *lex fori concursus* (dieser letztere Grundsatz erfährt allerdings im Interesse des Vertrauensschutzes Durchbrechungen). Die §§ 218–220a IO enthalten einige Detailregelungen zur Umsetzung dieser VO (zB zu den nach der EuInsVO gebotenen öffentlichen Bekanntmachungen; für in Österreich zu treffende Sicherungsmaßnahmen etc).

2. Sachlicher Anwendungsbereich: Die EuInsVO ist anwendbar auf **„Gesamtverfahren"**, welche die **Insolvenz des Schuldners** voraussetzen, einen Vermögensbeschlag gegen den Schuldner zur Folge haben und die Bestellung eines Verwalters vorsehen. In den Anhängen A und B der VO werden die erfassten Insolvenzverfahren der einzelnen Mitgliedstaaten taxativ aufgezählt (für Österreich seit Inkrafttreten des IRÄG 2010 das Insolvenzverfahren in allen seinen Ausprägungen).

3. Persönlicher Anwendungsbereich: Die EuInsVO gilt nicht für Insolvenzverfahren über das Vermögen von Versicherungsunternehmen, Kreditinstituten, Wertpapierdienstleistungsunternehmen und Investmentfonds. Abgesehen von diesen Ausnahmen erfasst die EuInsVO grundsätzlich **sämtliche Insolvenzverfahren** sowohl über **natürliche** als auch über **juristische Personen**, soweit das Recht des Eröffnungsstaates deren Insolvenzfähigkeit bejaht.

4. Eingeschränkte Universalität: Die EuInsVO kombiniert das Prinzip der **Universalität** mit jenem der **Territorialität**. Grundsätzlich gilt im Anwendungsbereich der EuInsVO die Universalität. Dies bedeutet, dass ein in einem Mitgliedstaat eröffnetes **Hauptinsolvenzverfahren** seine Wirkungen in allen Mitgliedstaaten entfaltet. Insb erfasst es das **gesamte Vermögen des Schuldners**, das sich im räumlichen Geltungsbereich der EuInsVO befindet.

Das **universell wirkende Insolvenzverfahren** (Hauptverfahren) kann allerdings durch ein oder mehrere **Nebenverfahren** eingeschränkt werden. Letztere sind territorial **auf das Gebiet eines Mitgliedstaates beschränkt** und sollen die besonderen Interessen von Gläubigern im betreffenden Staat berücksichtigen. Die EuInsVO unterscheidet **zwei Arten** von Nebenverfahren:

a) Ein **Sekundärinsolvenzverfahren** (Artt 27 ff EuInsVO) kann **nach Eröffnung eines Hauptverfahrens** in einem anderen Mitgliedstaat eröffnet werden, sofern der Schuldner dort eine Niederlassung hat.

b) **Vor der Eröffnung eines Hauptverfahrens** kann in einem Staat, in dem der **Schuldner eine Niederlassung hat**, ein **Partikularinsolvenzverfahren** eröffnet werden (Art 3 Abs 2 und 4 EuInsVO). Auch dieses ist räumlich auf das Territorium des betreffenden Mitgliedstaates beschränkt. Die Eröffnung eines solchen Partikularverfahrens ist nur unter engen Voraussetzungen zulässig: aa) wenn die **Eröffnung eines Hauptinsolvenzverfahrens** nach dem Recht jenes Mitgliedstaates, in dem der Schuldner den Mittelpunkt seiner hauptsächlichen Interessen hat, **nicht möglich** ist, oder bb) auf **Antrag eines Gläubigers**, der am Ort der Niederlassung des Schuldners seinen Wohnsitz, gewöhnlichen Aufenthalt oder Sitz hat, oder dessen Forderung sich aus dem Betrieb dieser Niederlassung ergibt. Für die Variante bb) muss der Gläubiger ein **besonderes Interesse** nachweisen. Die Anzahl der eröffneten Partikularverfahren soll auf ein „unumgängliches Maß" beschränkt bleiben.

5. Internationale Zuständigkeit: Nach Art 3 Abs 1 EuInsVO sind für die Eröffnung eines (Haupt-) Insolvenzverfahrens die Gerichte jenes Mitgliedstaats zuständig, in dem der Schuldner den **„Mittelpunkt seiner hauptsächlichen Interessen hat"** (Center of Main Interest – COMI). Dies ist jener Ort, an dem der Schuldner gewöhnlich der Verwaltung seiner Interessen nachgeht (Feststellbarkeit für Dritte). Bei Gesellschaften und juristischen Personen wird bis zum Beweis des Gegenteils vermutet, dass dies der **in der Satzung vorgesehene Sitz** ist. Derzeit sind Reformbestrebungen im Gange, in deren Rahmen ua die Voraussetzungen der internationalen Zuständigkeit genauer definiert werden sollen.

6. Lex fori concursus: Art 4 EuInsVO ordnet als Grundsatz an, dass für das Insolvenzverfahren und seine Wirkungen das Recht jenes Staates anzuwenden ist, in dem das Verfahren eröffnet wurde (**„Staat der Verfahrenseröffnung"**).

> **Beispiel:** In einem in Österreich eröffneten Insolvenzverfahren ist für die Eröffnung, Abwicklung und Beendigung des Verfahrens österreichisches Insolvenzrecht anwendbar (zB für die Insolvenzfähigkeit, die Aufgaben der Insolvenzorgane, die Wirkung auf schwebende Rechtsgeschäfte).

Von diesem Grundsatz gibt es wichtige **Ausnahmen**: So bleiben etwa **dingliche Rechte** eines Gläubigers oder eines Dritten an Gegenständen, die sich zum Zeitpunkt der Verfahrenseröffnung im Gebiet eines anderen Mitgliedstaates befinden, unberührt (Art 5 EuInsVO).

Die Wirkung der Insolvenzeröffnung auf **anhängige Rechtsstreitigkeiten**, welche die Masse betreffen, bestimmt sich nach dem Recht jenes Staates, in dem der Rechtsstreit behängt (Art 15 EuInsVO). Nach diesem Recht ist etwa zu beurteilen, ob ein solches Verfahren durch die Insolvenzeröffnung im anderen Mitgliedstaat **unterbrochen** wird.

Sonderregelungen gibt es auch für den **Eigentumsvorbehalt**, für in öffentliche Register einzutragende Rechte, für die Aufrechnung, für Arbeitsverträge, für die Insolvenzanfechtung ua (siehe im Einzelnen Artt 5 ff EuInsVO).

> **Beispiel:** Die Insolvenzanfechtung richtet sich zwar grundsätzlich nach dem Recht des Staates der Verfahrenseröffnung. Die Anfechtbarkeit (relative Nichtigkeit etc) entfällt jedoch, wenn der Beklagte nachweist, dass für die fragliche Rechtshandlung das Recht eines anderen Staates als jenes der Verfahrenseröffnung maßgeblich ist und die Handlung nach dem Recht dieses Staates nicht angreifbar ist (siehe Art 13 EuInsVO). Damit soll das Vertrauen auf Rechtsgeschäfte, die nach dem maßgeblichen Recht des Erwerbs unanfechtbar sind, geschützt werden.

7. Anerkennung in den anderen Mitgliedstaaten: Die **Eröffnung** eines von der EuInsVO erfassten Insolvenzverfahrens sowie alle im unmittelbaren Zusammenhang mit einem solchen ergehenden **Entscheidungen** werden in den anderen Mitgliedstaaten **ipso iure anerkannt**. Eine Ausnahme ist für Verstöße gegen den *ordre public* vorgesehen (Art 26 EuInsVO). Die Insolvenzeröffnung wird gem Art 16 EuInsVO anerkannt, sobald sie im Eröffnungsstaat wirksam geworden ist (somit bei einem in Österreich eröffneten Verfahren mit Beginn des Tages, welcher der Veröffentlichung in der Insolvenzdatei folgt). Die Rechtskraft der Entscheidung ist nicht erforderlich.

8. Rechte des Insolvenzverwalters in anderen Mitgliedstaaten (Art 18 EuInsVO): Ab Eintritt der Wirksamkeit der Verfahrenseröffnung erstrecken sich die **Befugnisse des Insolvenzverwalters** auf das **Gebiet sämtlicher Mitgliedstaaten**. Der in einem Hauptverfahren bestellte Insolvenzverwalter hat aufgrund der automatischen Anerkennung in den Mitgliedstaaten alle Rechte, die ihm nach dem Recht des Eröffnungsstaates zustehen. Er kann daher insb **zur Insolvenzmasse gehörende Gegenstände**, die sich in anderen Mitgliedstaaten befinden, aus diesen entfernen oder verwerten. Ebenso kann er die Rechte der Insolvenzmasse in anderen Mitgliedstaaten klagsweise geltend machen. Bei Ausübung seiner Befugnisse hat er das Recht jenes Mitgliedstaates zu beachten, in dessen Gebiet er handeln will. Seine Befugnisse umfassen nicht die Anwendung von Zwangsmitteln oder die Entscheidung über Rechtsstreitigkeiten.

Wenn in einem anderen Mitgliedstaat ein **Sekundärinsolvenzverfahren** eröffnet wird, beschränken sich dessen Wirkungen auf das in diesem anderen Mitgliedstaat **belegene Vermögen** des Schuldners. Für das Sekundärverfahren wird ein **eigener Verwalter** bestellt. Insoweit werden die Befugnisse des im Hauptverfahren bestellten Verwalters naturgemäß eingeschränkt. Die **beiden Verwalter** haben sich gegenseitig zu unterrichten, die Durchführung der beiden Verfahren zu koordinieren und zusammenzuarbeiten (vgl § 31 EuInsVO).

Vierter Teil
Reorganisationsverfahren

A. Allgemeines

Das Reorganisationsverfahren steht nur **Unternehmern** offen, die Reorganisationsbedarf haben, aber **noch nicht zahlungsunfähig oder überschuldet** sind. Wir haben es daher nicht mit einem Insolvenzverfahren im eigentlichen Sinn, sondern mit einem **Verfahren zur Insolvenzprophylaxe** zu tun. Dieses soll Unternehmern bereits bei Sichtbarwerden ernster wirtschaftlicher Gefahren, aber noch **vor Eintritt der Insolvenz** ermöglichen, unter Aufsicht des Gerichts und eines Reorganisationsprüfers geeignete **Sanierungsmaßnahmen** einzuleiten. Das Verfahren nach dem URG wurde im Jahr 1997 eingeführt. Da es sich in der **Praxis bisher als bedeutungslos** erwiesen hat, werden im Folgenden nur die Grundzüge skizziert.

1. Definitionen

a) Unter **Reorganisation** wird eine nach betriebswirtschaftlichen Grundsätzen durchgeführte Maßnahme zur **Verbesserung der Vermögens-, Finanz- und Ertragslage** eines im Bestand gefährdeten Unternehmens verstanden, wodurch dessen nachhaltige Weiterführung ermöglicht wird (§ 1 Abs 2 URG).

b) **Reorganisationsbedarf** wird insb bei einer vorausschauend feststellbaren wesentlichen und nachhaltigen **Verschlechterung der Eigenmittelquote** angenommen (§ 1 Abs 3 URG); er wird **vermutet**, wenn die **Eigenmittelquote weniger als 8 Prozent** und die **fiktive Schuldentilgungsdauer mehr als 15 Jahre** beträgt (22 Abs 1 Z 1 URG). In diesen Fällen sind bestimmte Gesellschaftsorgane bei sonstiger Haftung verpflichtet, ein Reorganisationsverfahren zu beantragen und gehörig fortzusetzen.

2. Antragslegitimation, Voraussetzung für die Einleitung: Die Einleitung eines Reorganisationsverfahrens kann nur **der Unternehmer** selbst (bzw ein vertretungsbefugtes Organ) beantragen. Voraussetzung ist, dass das (noch nicht insolvente) Unternehmen **Reorganisationsbedarf** hat.

3. Zuständig ist der **Gerichtshof erster Instanz**, in dessen Sprengel das Unternehmen betrieben wird. Für den Bereich des LGZ Wien ist das HG Wien zuständig (§ 3 URG).

4. Das Verfahren soll möglichst **diskret** abgewickelt werden, um den Ruf des Unternehmens zu schonen. Daher wird auf **öffentliche Bekanntmachungen verzichtet** (keine Eintragung in der Insolvenzdatei). Wer rechtmäßig Informationen über eine Reorganisation erlangt, darf diese jedoch weitergeben.

5. Eine **Prozess- und Exekutionssperre** fehlt, ebenso der Schutz gegen Insolvenzanträge. Auch eine Abstimmung über Forderungskürzungen ist nicht vorgesehen (daher **keine Überstimmung** widerstrebender Gläubiger).

B. Überblick über den Ablauf des Verfahrens

I. Einleitung des Verfahrens

Wenn der Antragsteller den **Reorganisationsbedarf glaubhaft macht** und nicht offenkundig insolvent ist, leitet das Gericht das Reorganisationsverfahren ein. Zugleich bestellt es einen **Reorganisationsprüfer**. Dieser hat Anspruch auf Entlohnung.

II. Reorganisationsplan

Im Verfahren nach dem URG hat der Schuldner einen **Reorganisationsplan** vorzulegen. Dies kann bereits mit dem Eröffnungsantrag, aber auch noch später geschehen. Wenn der Plan nicht bereits mit dem Eröffnungsantrag vorgelegt wird, hat das Gericht dem Unternehmer eine **Vorlagefrist von 60 Tagen** zu setzen (Verlängerung auf 90 Tage möglich). Der Reorganisationsplan ist dem Prüfer vorzulegen.

Im Reorganisationsplan sind die **Ursachen des Reorganisationsbedarfs** und jene **Maßnahmen** darzustellen, die zur Verbesserung der Vermögens-, Ertrags- und Finanzlage geplant sind. Weiters hat der Plan zu enthalten:

- einen allenfalls erforderlichen **Reorganisationskredit**;
- von den Gläubigern allenfalls gewährte **Stundungen** oder (teilweise) **Forderungsverzichte**;
- **Auswirkungen** der geplanten Maßnahmen auf die **Arbeitnehmer**;
- Nachweise, dass die in den Plan einbezogenen Personen zu den sie betreffenden Maßnahmen ihre **Zustimmung** erteilt haben;
- **Zeitraum** für die Umsetzung der Maßnahmen (soll tunlichst **zwei Jahre** nicht überschreiten).

III. Aufgaben des Reorganisationsprüfers

1. Der Reorganisationsprüfer hat unverzüglich alle Informationen über die **Vermögens-, Finanz- und Ertragslage** des Unternehmens zu beschaffen und dem Gericht binnen **30 Tagen** mitzuteilen, ob das Unternehmen insolvent ist.

2. Binnen 30 Tagen nach dem Erhalt des **Reorganisationsplans** hat der Prüfer ein Gutachten über dessen Zweckmäßigkeit und Erfolgsaussichten vorzulegen.

3. Sofern der Plan dies vorsieht, hat der Prüfer überdies die **Durchführung der Maßnahmen** zu **überwachen**.

IV. Aufhebung des Verfahrens; Realisierung der Maßnahmen

Die **Aufhebung** des Verfahrens ist vorgesehen, wenn der **Reorganisationsplan** die **Zustimmung des Prüfers** gefunden hat (§ 12 URG). Die Umsetzung des Plans fällt regelmäßig in die Zeit nach der Verfahrensaufhebung. Sie kann durch den Unternehmer selbst in Eigenverantwortung oder mit Überwachung durch den Reorganisationsprüfer erfolgen. Der Zeitraum für die **Durchführung der Reorganisation** soll tunlichst **zwei Jahre** nicht übersteigen.

C. Flankierende materiell-rechtliche Bestimmungen

Die **materiell-rechtlichen Bestimmungen** des URG sollen teils die Attraktivität des Reorganisationsverfahrens erhöhen, teils (im Umweg über **drohende Haftungen**) einen **indirekten Druck** zur Inanspruchnahme dieses Verfahren erzeugen. In der Praxis haben sich diese Normen bisher als „zahnlos" erwiesen. Wichtigste Regelungen:

I. Anfechtungsschutz

Die im Zusammenhang mit einem Reorganisationsverfahren notwendigen Maßnahmen sollen nicht allein wegen der drohenden Anfechtbarkeit in einem allfälligen späteren Insolvenzverfahren unterbleiben. § 20 URG statuiert daher einen **Anfechtungsschutz: Überbrückungsmaßnahmen**, denen der Reorganisationsprüfer zugestimmt hat, und **Reorganisationsmaßnahmen** können in einem nachfolgenden Insolvenzverfahren nur sehr eingeschränkt angefochten werden (Einzelheiten in § 20 Abs 2 URG).

Im gleichen Umfang ist auch die **Sicherstellung und Befriedigung** von Forderungen, die aus derartigen Maßnahmen entstehen, privilegiert.

II. Vertragsschutz

Vereinbarungen, die für den Fall der Einleitung eines Reorganisationsverfahrens ein Rücktrittsrecht, die automatische Auflösung des Vertrages oder die Fälligstellung eines zugezählten Kredits vorsehen, sind **unwirksam** (§ 19 URG).

III. Spezielle Haftungsbestimmungen

Die **speziellen Haftungsnormen des URG** sollen die **Organe prüfpflichtiger juristischer Personen** (§ 268 UGB) motivieren, ein Reorganisationsverfahren einzuleiten, wenn angesichts bestimmter **Kennzahlen** der **Reorganisationsbedarf vermutet** wird. Primär haftungsbedroht sind die Mitglieder des **vertretungsbefugten Organs** (Geschäftsführer, Vorstand), subsidiär aber auch die Mitglieder des **Aufsichtsrats** und der **Gesellschafterversammlung** (im Einzelnen siehe §§ 22 ff URG).

Stichwortverzeichnis

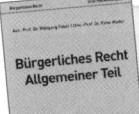

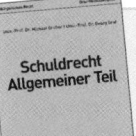

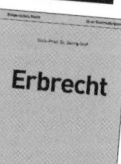

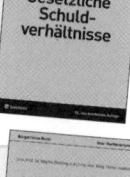

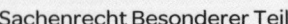
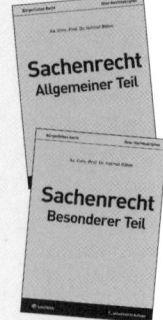